知識を自分のものにする
最強の読書

遠越 段
Togoshi Dan

SOGO HOREI PUBLISHING CO., LTD

まえがき

日本に生まれて本当によかったと思う。

その理由はたくさんあるが、特によく感じているものは、

「読みたい本がいくらでもある幸せ」

である。

私たちは物心つくと、親などから絵本をはじめとする児童書を見せられ、また成長する過程ではマンガから大人の本まで溢れている環境におり、本を読むこと、見ることが当たり前のように育ってきている。

かつてフィリピンで仕事をしていたころ、お世話になっていた家の子どもたちと遊んでいるとき気がついたのが、母国語（タガログ語）の本がどこにも見当たらないということであった。

あるのは子ども向けの童話で、それはアルファベットを覚えるための本であった。

彼らは母国語を母親などの口から学ぶのである。日本もはじめはそうだが、その後

は本を通じてだんだんと文字を覚えていく。

また、いわゆるお受験においては、フィリピンでは「小学生になるまでは文字を学んでいない」という前提の試験が一般的らしい。

私は山の中の、お受験とはまったく縁遠いところの出身だったが、小学生になった時点でひらがな、カタカナくらいはすでに覚えていた。ほとんどの日本人がそうである。

このことが、何とありがたいことなのか今ごろ気づいている。

思想から科学まで、あらゆるものが日本語で学び考えられる。欧米語圏以外の国で唯一ノーベル賞が続出するのも、このためだろう。

私は本好きのせいもあってか、海外に行くと、必ずその国の本屋さんを回った。

東南アジアでわかったのは、本屋さんがほとんどないということだった。

あるのは都心で英語の本と日本語の本をいっしょに売っている小さなブックストアだった（今では中国語もあるのかもしれない）。

台湾、中国、韓国と、日本の本を翻訳出版するところが少しずつ増えてきているようだ。

最近はインターネットによる購入や、電子出版による普及も増えている。

日本に生まれてよかったという二つ目の理由は、日本はずっと身分社会ではなかったということだ。日本から一歩外に出ると、それがよくわかる。

さらに世界の国々の歴史を調べてみれば、もっとわかる。

だから日本では、本によって独学した人、よく学んだ人が成功するのである。

これは戦国武将たちの成長を見ればよくわかる。

勝ち抜く武将は、よく本を読んで学んだ人だった。

例外は豊臣秀吉である。しかし、彼は各分野のトップクラスの人々に学び、きちんと勉強をしている。その手紙を見れば、いかに知的であったかがよくわかる（桑田忠親『太閤の手紙』講談社学術文庫参照）。

最後の覇者となった徳川家康も、本好きであったことはよく知られている。

最近出た、NHK大河ドラマの時代考証で有名な歴史学者・小和田哲男氏の『戦国大名と読書』（柏書房）のオビの見出しは、

「徳川家康が天下を取れたのは、おそるべき読書魔だったからだ！」

である。

まさに、その通りだと思う。

基本的に平等であった日本だが、唯一、その人が本を有効活用しているかどうかによって大きな差が出た社会だったといえよう。

ところで、出版事業は高い志がある人によって行われ、それを支える読者層がいて成り立つ。だから出版はその国の国力と直結するし、本を読む人が次の社会をつくってきた。

徳川家康は江戸幕府を開き日本を支配したが、出版事業も始めている。

こうして本を重んじる日本人の国民性は、昔から定着していったのだ。

現在、出版不況といわれている。

しかしその中でも、又吉直樹氏の『火花』が200万部を突破し、百田尚樹氏の『永遠の0《ゼロ》』が450万部にも達している。

こうした大ベストセラーが生まれ、毎日、何十冊、何百冊と新しい本が出てくる日本は、なんて素晴らしい国だろう。

ただ、前にも述べたように、日本は、こうしたたくさんある本をうまく活用できた人が大きく活躍できた国であった。この点、努力した者のみが報われる国であったことについては注意が必要である。

みんなに平等に与えられているチャンスを利用するかどうかで決まったという、ある面では実力勝負の社会であったのだ。

このことをぜひとも忘れないでほしい。

あるとき、韓国の先輩ジャーナリストが私に言ったことがある。

「もし韓国人が日本人に追いつき追い越せるとしたら、本を読む人がそれだけ増えたときだ」と。

これを聞いたとき、そんな見方もあるのかと思ったが、今にしてみると、非常に頷かされることである。

日本の読書文化は、『源氏物語』『枕草子』を楽しんでいた時代からの蓄積がある。

また、たくさんの読書術が提唱されており、人それぞれに、その読み方を楽しんでいる。こうした読書の技術に関する本がたくさん出ているのは、それだけニーズがあるということだ。

本書では、その「読書を楽しむ方法」の一つの提案をさせてもらった。

と同時に、「本を読むとこんなにも効果が出る」ということについても紹介させてもらった。

読書の素晴らしさと効能を確認した上で、

「こういう読み方もとても便利で、役立ちますよ」

「あなたの人生を変えるほどの、または、あなたがこの世の中をひっくり返していくほどの力を生むかもしれないよ」

という内容を書いてみた。読書には本当にそんな偉大な力があるのだ。

紫式部や徳川家康などの先人に感謝しつつ、最強の読書術を身につけて次の世代につないでいく覚悟を持って、本を楽しみ大いに利用していこう。

遠越段

知識を自分のものにする　最強の読書　もくじ

第3章　精読の技術

第4章　手帳・ノートの技術

第5章　書く技術を磨けば読書の技術と能力が上がっていく

第１章
多読の技術

多読の必要性

現在、売れっ子のベストセラー作家や昔の有名作家は、同時並行でいくつかの作品を連載していて、その才能と技術に驚く。

私もマネをして同時並行で書きものを進めようとするが、どうもうまくいかない。

一番の理由は、そんなに売れる小説などを書いていないことであろう。

それと習慣の問題である。習慣がその人をつくる最大のものだ。

しかし、本は誰にも負けないほど多く読んでいる。

私の場合、準備は同時並行で何本かのテーマを持ってやっている。

当然、読書は並行主義だ。

午前中は、今取り組んでいるものの執筆と資料読みである。そのテーマに関する本も読む。頭も冴え、気力も充実しているゴールデンタイムだ。

速読などは、この頭が冴えているときにやるのがベストだ。そして執筆も午前中にやるのが原則である。このことは、作家の佐藤優氏も強調されている。

午後は、仕事に関連する本や資料に目を通す。気になる本があれば速読する。このときに読むのは、「とりあえず見ておこう」という、速読で済ませる本である。

夕方は、散歩がてら商店街をブラブラして買い物をしたり、本屋さんに立ち寄ったりする。気が向けば古本屋さんにも行く。

夕食後は、もっぱら読書である。

ここでは、将来のテーマになるだろうと思われる本と、今読んでおきたい楽しみのための本など、２、３冊読む。

寝る前に、インターネットを見てネットサーフィンを楽しむ。

土・日、祝日は、午前中はやはり執筆とそのテーマに関する資料と本を読む。午後と夜はもっぱら読書である。やはり、２、３種類の本を読み、夕方の散歩も欠かさない。

夜は12時に寝る。そして朝は６時半くらいに起きる。一時、３時間から４時間睡眠に挑戦していたが、私には向いていないことがわかり６時間半の睡眠にしている。

このペースは、まったく変えていない。

この前のラグビー・ワールドカップは夜中に放送していたが、いくらラグビー好きの私でも、この習慣を変える気がしなくて、次の日の再放送を見た。

ワールドカップで活躍した選手たちのことは、彼らが学生時代、観客のあまりいない秩父宮ラグビー場でプレーするのを見ていたので、思い入れはあっても、自分のペースを崩してしまうと、それを取り戻すのに時間がかかると思ったからだ。

彼らも何年間も自分のやるべきことに集中したように、私も自分の仕事を第一に考えて精進しないとプロとはいえない。うしろ髪を引かれる思いだったが、ベッドに入った

何事も習慣が大切だと思う。

大きな仕事をする人は、それだけの習慣づくりをしたからだ。

本の読み方、効果的読書ということも、習慣によってつくられる。

私たちも、それぞれの仕事ではプロである。

そのために必要な習慣をつくり上げるために、日々真剣に取り組むべきであろう。最強の読書術を身につけることも、よい習慣づくりが決め手である。

私が遅刻する人や時間にルーズな人を認めないのは、そのためでもある。基礎の基礎たる時間を守ることのできない人は、いくら能力はあろうとも、まったく組みたくない人である。実際そんな人は大したこともできない。

大芸術家、大作家は、時間なんか気にしないのではないかと思うかもしれないが、そんなことはない。

膨大な数の作品を遺す大芸術家にルーズな人なんかいるはずはないし、一流の作家は必ず納期を守る人である。これは百田尚樹氏も主張されている。

ビジネスパーソンで私が信頼する人は、必ず時間を守るし、本を多読する人だ。

多読する人は、何を話してもツーカーとなる。会っている時間が充実し有意義なものとなる。

多読をする人は、ほぼ並行読みをしている。

いろいろな時間を、それぞれ有効に使えるからだ。

また脳を休ませるためにも、違う種類の本に変えたほうがよい。

多読するには本がたくさん必要であり、置く場所も確保しなければならないが、これも一つの楽しみである。

たくさんの本をどこに置くか決めて、それを実行し続けることで読書脳が向上していくことになる。

そしてこれは、あなたの脳をフル回転させ、全身で読書をしているという効果も生むことになるのである。

多読のための本の置き場所

多読はすべきである。**本を多く読み、本の中味を身につけた人ほど実力が上がるからだ。**

速読は、多読に奉仕するためにある。

時々手段と目的を間違えている人がいるが、速読はそれ自体が目的ではなく、自分の楽しみと、何よりも自己実現のための手段として取り組むべきものである。そのために自分に合うやり方を自分で見つければよい。慌てることはない。

多読における問題は、増える本をどうするかである。

ある読書術に関する本では、「200冊くらい残して、あとは人にあげるか、処分するべきだ」と述べている。

掃除のベストセラー本には、「100冊もあればいい。あとは捨てるなどして回転をよくすることが、運も能力も上昇させることになる」と書いてある。

私も置く場所に困って、300冊ほど残して1万冊以上を処分したことがある。ほとんどを古本屋さんに持っていってもらった。何十万円にしかならなかったが、さっぱりした気分となった。実家のほうには、高校、大学で読んだ本を中心に、2000～3000冊は残っていた。

ところがその後、困ることになった。

特に、本を書き出したら、必要な本、読みたい本が手元になく、再び買わなければならないものも出てきた。中には、手に入りにくくなってしまったり、高値になってしまった本もあった。

「仕方がない、本の流通に貢献しよう」ということで、それらを購入することにして、再び本の山に囲まれることとなった。

本をたくさん読み、その本を狭い部屋をうまく使って保管するということが読書脳を向上させ、最強の読書術を身につける基礎となることを、こうした経験から学んでいった。

処分した1万冊近い本がどこに置いてあったかは、今もしっかりと覚えている。何か問題が起きたときや何か知りたいとき、「あっ、あの本があった」と今でもすぐに反応するのだ。

よく調べればわかるが、内容のある本の著者は大体が大の蔵書家だ。

１００冊、２００冊あればいいという人が書いた本は、内容もスカスカである。当然であろう。文章は自分のオリジナルではあるが、無から有は生まれない。

そういう人は「速読しているからいい、内容は頭に入っているからいいんだ」とおっしゃるがウソである。

その証拠に、その人の本を見れば、その内容のなさにあきれてしまうのである。

ちなみに、文章術の名人のほとんどは、**「名文を生む秘訣はたくさんのよい本を読むことにつきる」**と言っている。

また、過去から現在に至る素晴らしい各著作を参考にせずして本を書くことは、出版文化への冒涜《ぼうとく》ではなかろうか。のみならず、自分の能力を殺していることにもなるだろう。

読者にしても、貴重な時間をその本を読むために使うのである。読者への礼儀としてもなっていない。

蔵書を多く持たない人の制作の舞台裏は、コピーをつなぎ合わせて面白いキャッチをつくり売っているというものである。

大体2、3日から4、5日で1冊つくってしまうようだ。

中には、本人は吹き込み（口述）をし、あとはライターに任せるという人もいる。それはそれで参考になる視点というものはあるが、先にも述べたように中味はスカスカである。

1日に何冊とか、月に何冊かの本を読むということを自分に課して、それだけを自慢するというような人にはありがたい（あっという間に読めるので）本ではある。

しかし、本を楽しみ、自分の成長、自己実現と文化への寄与を考えている読者には迷惑な話かもしれない。

ただ、多くの蔵書をそろえる必要があることがわかったとしても、置き場所の問題は残る。

何十年と本を大量に読んできた私としては、できるだけ買う本を選ぶことにしている。それでもたくさん買う。大体、月に数十冊近くは買うことになる。

そこで、自宅での本の置き場所を細かく探し出し、廊下や押し入れにも本を置いている。

年に2回から3回は、本の整理をして置く場所を変え、同じテーマの本をできるだけ一ヶ所に集めるようにするといい。

すると、何がどこにあって、何のときに読むべきかが頭の中にインプットされる。

1回読んで、もう読まないと思った本は実家などに置いている。

それでもその本が急に必要になることもあって、そのときは、大きなバッグに入れて移動したり、宅急便で何度も往復させることになる。

面倒であるようで、これがまたいい。その本への愛着が増し、理解も深くなる。その著者が友人のように思えてくる。何百年前の偉人でもだ。

私の経験では、2万冊くらいまでは、どこに置いているか、ほぼ自分の頭の中に入っている。その本たちが私を支えてくれる友人や恩人となる。

それ以上は未知の世界だが、10万冊以上を個人で所有するのは難しいだろう。

かつて、教育界の大御所を自称する人たちの対談を聞いたことがある。

やれ１５０万冊は読んだとか、２００万冊を読んだとかおっしゃっていた。

まあ、いくらなんでもそれはないだろう。図書館でもそれだけの本を所蔵しているところは有名大学図書館くらいではないだろうか。

個人で所有するのは数万冊が限度だし、今の私のように恵まれた環境下にあったとしても、頑張って１万冊くらいが限度である。

できたら、数千冊の場所確保を目指すといいのではないかというのが率直な感想である。数千冊というと、ものすごい量と思うかもしれないが、工夫すれば何とか収まるものである。２ＤＫでも収まる。私の高校時代の恩人は結婚するまでに２ＤＫに１万冊は貯め込んでいた。

あとは自分なりのスピードで精読したり、書き写したり、速読したりすればいい。

少なくとも１０００冊以上は読んで、さらに上を目指す人はどこか違う。まったく本を読まない人と仕事の成果がかなり異なってくる。

できたら１０００冊を１万冊にしていけば、その人はもう一流の人である。その仕

事になくてはならない最強の人となるだろう。

1000冊以上を読む人は、文章も思考も仕事能力も、必ず一歩先を行っている。

それを他者に自慢する必要はなく、ただ自己向上のために多読していればいい。

こういう人は人格も向上し、その存在が社会にも貢献することになる、国の宝のような人だと思う。

立ち読みと本の購入

必要な本は購入し、自分で持っておきたいものだ。信頼できる著者、好きな著者の場合は文句なしに買っておけばいい。

ただ、自分の知らない著者や新しい切り口・テーマの本の場合は、書店で立ち読みをしてから購入の判断をすればいい。

立ち読みというのは、書店にとっては歓迎すべきことではないかもしれないが、「見込客が来てくれている」ということを考えるとありがたいはずであるし、店の中にも活気が生まれて、そんなに悪いことではないことだと思う（それでも、やはりたまにはその書店で本を買うべきではある）。


立ち読みというのは、とても素晴らしい効果がある。

まず、よい本かどうか、買うべき本かどうかがわかり、買わなくてよい本を見分けることができる。これによって無駄なお金を使わないで済む。

次に、頭の訓練になる。さまざまなジャンル、たくさんの本を手に取ってパラパラと読むことで脳は活性化し、いろいろな新しいアイデアも生まれることになる。

私は、必ずそこで頭がスパークしてかなり疲れてしまうため、立ち読みは週1回までにしている。

さらに速読の基礎訓練になる。

本屋さんで立ち読みをすれば、大体数冊は読み飛ばすことになる。

これは、1日10冊ペースも可能なスピードである。後に詳しく述べるが、これも一種の速読である。

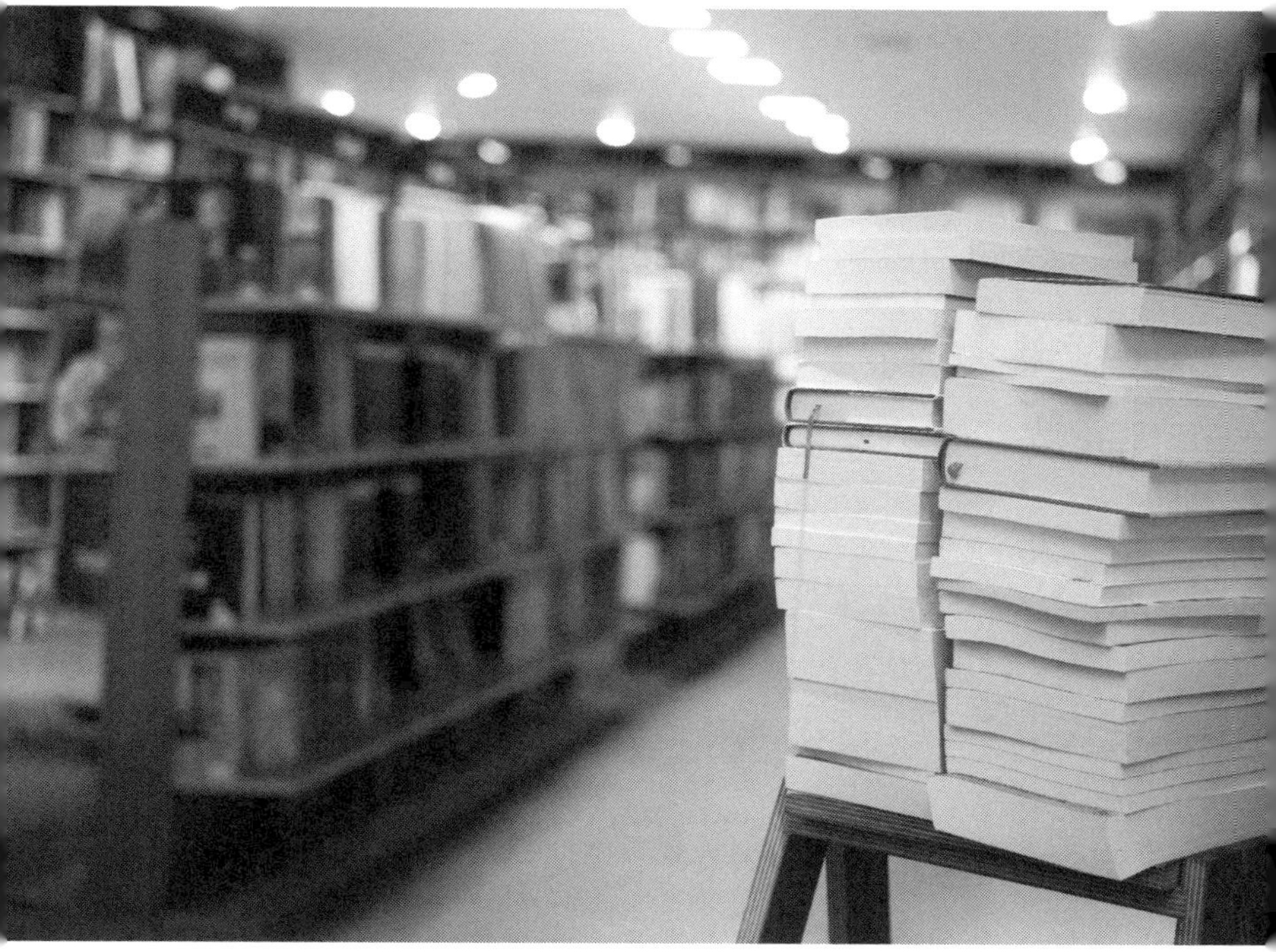

最後に、有効な時間つぶし、ヒマつぶしとなる。

ついでに言うと、時代の流れ・傾向も自然に身につくことになる。各出版社は、時代が求めているものは何かを必死に考え、本を出している。各テレビ局の企画マンも、本屋さんで企画を見つけていることが多いのである（逆に出版社もテレビからヒントを得ていることもある）。

以上、いいことづくめの立ち読みだが、守るべきマナーもある。「汚してはいけない。写真に撮ってはいけない。買う人の邪魔になってはいけない」などである。

そして、時々は感謝をこめて本を買ってほしいのである。

以下、私の考える最強の立ち読み術である。

1．本屋を一周して、どのジャンルごとに本が置かれているかを知る。

2. 本好きで、親切そうな店員さんを見つける。店員さんはとても忙しく、サラリーもそんなに高くないのによく働くし、力仕事もさせられる。それでいて、本のことをよく知っている生き神様だ。礼儀正しく接し、感謝の気持ちをもって本のことを聞いてみる。おすすめの本、今、話題の本を聞くのが効果的で、それを買えば何よりも本に思い入れが生まれ、中味もよく身につく。店員さんに好かれれば、最高の情報が得られる。

3. 好きなジャンル、今求められているジャンルのコーナーにはどんな本があるか、覚えるくらいに眺める。これだけでも相当な力（読書力や知識など）が身につく。

4. 気になった本を手に取って、出版社名と著者名、そして最後の奥付（本の巻末にある著者略歴などが掲載されているところ）を見て、どれくらい売れているか、いつ出版されたかなどを見る。

5. パラッと中を見て、数分でページをめくって本全体を見る。

6. 気になる文章があれば、そこを1分くらいで読み、ビビッとくれば買うか、そのうち買うぞと決める（忘れることがあるので、タイトルはメモをしておきたい）。メモをしたまま買わずにいて後々手に入らなくて後悔することも多いが、あとは自分の財布との相談である。気になったら買うのがベスト。

7. 立ち読みをするお店は決めておくと本の流れがよくつかめ便利である。2、3店を選んでおきたい。

8. 旅行をしたときは、そこにはご当地本が必ずあるものだ。これも役立つし、記念にもなる。そのためにその土地の本屋に顔を出すのもいい。

以上のような立ち読みをしていると、その人の速読法が身につくとともに、本の知識、世の中の動きを身につけることができ、相当な実力を発揮する人になることを保証する。

私自身は、立ち読みをさせていただいていることに本当に感謝している。

お金がない時代が長く、本があまり買えなくて、立ち読みで済ませることが多かった。

中年になって少しお金ができると、昔、立ち読みでお世話になった本屋さんで本を買って私なりの恩返しをしたものだ。

今では、新しい本よりも古い本を買うことが多くなり、また古本屋さんではすぐに手に入らないこともあるので、インターネットを使うことが多くなった。

しかし、将来足腰が弱くなったら、逆に、鍛練も兼ねてまた本屋さんで立ち読みをさせていただこうと思っている。

最近は座る場所がある本屋さんもあるが、やはり立って読むのが、健康にもよく、たくさんの本を素早く読むことになるのだと思う。

立ち読みをしている限り、ボケることもないのではないか。

それどころか、全身の能力が向上するものと思う。

1年に、1つから3つのテーマを持とう

誰にでも、ライフワークのようなものがあるだろう。

ライフワークと言うと大げさに聞こえるかもしれないが、関心があって詳しく調べ、考え、何とか自分なりの一家言をつくりたいと思うものはある。

ところが、20代よりも30代、30代よりも40代の時間は経つのがどんどん速くなる。物理的には変わらないはずの1日の長さ、1年の長さであるが、やるべき仕事や日常の瑣事《さじ》が増えてきたり、それまで生きてきた人生の時間が長くなることによって感じる時間感覚の変化によって（1年の長さは、20歳では20分の1であるが、40歳では40分の1となるため）月日が経つのは本当に速くなる。

気がついたらもう定年、引退のときとなる。


よく、引退後、老後の楽しみにとっておくという言い方をする。

読書も映画鑑賞もそうで、そのために本をそろえたり、ＤＶＤをせっせと貯めている人も多い。

しかし、それではもったいないし、いきなり老後に生活習慣を変えることができるものなのかは疑問である。

自分の好きなテーマを追い、ライフワークにすべく、気がついたときにすぐ着手すべきだ。

私が、30代、40代の人によく言うのは、

「今日から5分でも10分でもいいから毎日やったほうがいいと思うよ。そうしないと、死ぬまでやりたいと思うことができないよ」

ということだ。

それでもなかなか始めようとしない。日常の習慣を変えないから難しいのだ。

だからまず、1年に1テーマでいいから、「これを何とか自分のものにしよう、調べよう」と決めるといい。

「経営の神様」と呼ばれたドラッカーは、テーマは3年で1つと決めて、1年に1回

はその反省の時間をとるようにしていたという。**テーマを決めてそれに取り組む人が伸びるのだ。反省することで次に何をやらなくてはいけないかがわかる。**

世紀の大学者でさえ、テーマを決めないとなかなか勉強は進むものではないと言っているのだ。

だから私たち凡人は、数個のテーマを決めて意識して勉強しなければならない。それを持つことで読書もより効果的となる。最強の読書の秘訣の一つは、このテーマづくりにあるのだ。**目標となるテーマを持つことで、同じ読書が何倍もの威力を発揮する。**

私がすすめるテーマ集中法は、**とにかくそれに関する本（資料）を集めていく**というものだ。

これは渡部昇一氏の本（『知的生活の方法』『発想法』いずれも講談社新書）とドラッカーの本からヒントをもらった。

とにかく、それに関する新聞の切り抜きやＤＶＤ、パンフレットや本などの資料をまとめておく。すると常に「何か必要かも」と意識し始めるし、さっと見るだけでも問題意識は高くなる。

これは1年のテーマというより、一生追いかけるテーマについて学ぶ際にふさわしいやり方だ。

1年から3年で仕上げるテーマについては、もっと集中して1か月くらいで本をそろえ、読み始める。

そしてノートを1冊買って、表紙に自分のテーマを書き込む。

いくつかのノートがあって、なかには途中で挫折してしまうテーマもあり、表紙だけ書きこんだノートが残ってしまうこともあるので、それがもったいないと思うかもしれない。

しかし、それらは１００円ショップで売っているようなノートであり、１００円以上の価値を私にもたらしてくれたのだから、たとえあるものがムダになってしまったとしても、もったいないことなどない。

1年に1つのテーマをすすめたが、それを進めるうちに、やはりドラッカーのように3年くらいは必要だと思うようになる。

それでもとりあえず「1年に1つのテーマ」というようにして始めると、手がけやすいと思う。

テーマはなんでもいい。

私のこれまでのテーマは次のようなものだった（今にすると恥ずかしいテーマも多いが）。

○日本国憲法
○ビジネス英語
○東南アジアの植物
○ジャズ特にチック・コリアとキース・ジャレット

○モーツァルト
○ドラッカー
○秋山真之と日露戦争
○孫子
○論語
○マンガ『ドカベン』
○マンガ『スラムダンク』
○マンガ『ワンピース』
○マンガ『ハンター×ハンター』
○織田信長
○西郷隆盛
○豊臣秀吉
○徳川家康
○福沢諭吉

○勝海舟
○小室直樹
○山本夏彦
○谷沢永一
○ベンジャミン・フランクリン
○葉隠（山本常朝）
○藤沢周平
○池波正太郎
○司馬遼太郎
○有名ホテルの朝食ビュッフェ
○各時代のベストセラー
○アーノルド・トインビー
○ラグビーとサッカーの歴史
○おいしい玉ねぎの栽培

ものになったものもあるし、てんで理解が及ばず途中で挫折したものもある。

書店で手に入らない本は図書館へコピーしに通ったりした。

せっかくコピーして集めた資料を捨ててしまったことも何度かある。できればとっておいたほうがいいが、やはり狭い家では限界があるので仕方がない。

新たなテーマを見つけて、それに打ち込むことは、とても嬉しくてワクワクする。

何よりも日々の読書がまったく違うものになる。

読書の効果の度合いは、この自分のテーマをはっきりとさせることにかかっているといっても過言ではない。

たとえドラッカーのようにはなれないにしても、勉強を続けていくことで「わが人生に悔いなし」と言えるようになるのではないだろうか。

そして明らかに、一味違った、成長していく自分を感じることができるはずだ。

私なんかよりも素晴らしい才能をお持ちの方が多いはずであり、ぜひすぐにでも実行してもらいたい。そして、この世に有意義な成果を残していってもらいたいと思う。

今すぐに文房具屋さん、コンビニ、１００円ショップでノートを何冊か買って、その表紙の一つひとつに、あなたのテーマを書き込んでほしい。
これで、あなたの人生は見違えるほどに変わり始めるだろう。

将来への投資が必要

1年に1テーマあるいは3年に1テーマを持つと日々が充実し、読書力が増し続け将来への大きな財産となる。そしてあなた自身の中味も変わる。もちろん力が倍増し始める。

これは本当だ。人生がグッと変わってくる。

これをやるか、やらないかで、人生が決まってしまうともいえるほどだ。

せっかくこの世に生を受けたのであり、また日本という、何をしてもよく、何とか生活にも困らない生活ができる国に生まれたのだから、ぜひ実行してほしい。

そういった、一人ひとりが学びに打ち込む人生を送ることこそが社会貢献そのものである。

何も有名になる必要はない。本を出して売れるばかりがいいことではない。自分なりの充実した人生を送ることこそが、社会の大きな力となるのである。あなたの力は日々、必ず増していく。そして仕事も何倍もできることになる。

ここで大事なのが、1年に数回、本や資料の整理、分類をし、反省をすることである。

ドラッカーは1年に1回、1週間くらいかけて反省するというが、私たちは、そこまで時間をとらなくてもいいと思う。

今の自分の状態を把握し、将来への準備ができるようにするのだ。

この整理は、あなたの人生の将来の財産づくりをすることになる。

「こんな本を読んだ、あるいは読もうとしている。次は、このような本をそろえる必要がある」と考えることが、日々の仕事の中で生きてくるのだ。

どんなに偉い人と話していても、この財産があると対等に語ることができるから不思議だ。

物おじすることなく堂々と渡り合えるようになる。

人は、大きな組織のトップに立ったりすると「自分はなんでもできる」「自分はすごい」と思ってしまうものらしい。

それはそれで結構なことであるが、端から見ているとちゃんちゃらおかしい。

だからといって、そこで張り合う必要はなく、自分の生き方を間違えなければいいだけのことだ。

おべんちゃら人間を高く評価するトップもいるかもしれないが、そんな人物は長く続かない。

真に社会に役立つ人というのは、誠実で、真摯《しんし》な勉強家であることは、ドラッカーの言葉を待つまでもなく、よくわかっていることだ。

ベストセラー『もし高校野球の女子マネージャーがドラッカーの「マネジメント」を読んだら』（岩崎夏海著・ダイヤモンド社）でも引用された次のような有名な文章のような人となる。

「人を管理する能力、議長役や面接の能力を学ぶことはできる。管理体制、昇進制度、報奨制度を通じて人材開発に有力な方策を講ずることもできる。だがそれだけでは十分ではない。根本的な資質が必要である。真摯《しんし》さである」

このドラッカーの文章がこの本のキモであり、主人公みなみの人生をすっかり変えてしまうのだ。

みなみは、この「真摯さ」について考えているうちに涙する。

次のように描写される。

「『……真摯さって、なんだろう？』

ところが、その瞬間であった。突然、目から涙があふれ出してきた。

それで、みなみはびっくりさせられた。自分がなんで泣くのか、よく分からなかったからだ。しかし、涙は後から後からあふれてきた。それだけでなく、喉《のど》の奥から嗚《お》咽《えつ》も込みあげてきた」

ドラッカーを勉強してきた私は、当然このことを原著で調べてみた。

すると、日本語で「真摯さである」としているところは、ドラッカーの原文では、「It requires integrity of character.」とある。

Integrityを研究社のリーダー英和辞典は「(道徳的・人格的に信頼できる)正直、清廉・誠実・安全・無欠(の状態)」とある。

大修館のジーニアス英和辞典(第3版)では「1.(堅固な)正道さ、誠実・高潔・清廉、2.完全・無傷・無限の状態、統合」とある。

つまり、「真摯さ」という訳で正しいと思うが、より詳しくいうと「誠実で正直、清廉という人格の上でのひたむきさ」ということだ。

例えば、野球の監督やビジネスのリーダーの中には、単に自分の名誉のためとか、お金のためだけに頑張るという人もいるかもしれない。

しかし、ドラッカーが言いたいのは、「そんな人では大したリーダーになれない」ということだ。

昔から日本人が大切にしてきた「誠実さ正直さ、一生懸命さ」が根本にあった上でのさまざまなスキルということだ。

だからこそ日本人のビジネスパーソンはドラッカーを信奉し、ドラッカーも日本が大好きであったのだ。

もっと正確に言うと、この「誠実さ正直さ、一生懸命さ」を持って人生や仕事の目標を持ち、ドラッカーのような、難しいかもしれないが正しいことを教えてくれる本を読む日本のビジネスピープルの成功を確信したのである。

事実、戦後の日本の大経営者たちは、ことごとくこのドラッカーの教えに感銘を受けていたのである。


みなさんもぜひとも安心して自己投資をし、所属する組織や、社会の中で生かしていってほしい。

それも、目先の短絡的な視点ではなく、人生を通して成長し続け、どう自分を生かしていくかを考えてほしい。

それは、１年に数回の、本や資料の整理をする中で、必ず培われる生き方である。

日本をよくするだけでなく、あなたの人生が劇的に変わることを教えてくれるはずだ。

さっそくやってみてほしい。

第２章
速読の技術

多読する人は速読技術を持っている

速読に関する本がよく読まれている。

それだけニーズがあるということだろう。これも日本人の真摯さ、誠実さをよく表していて、よいことであると思う。

私も速読に関する本をたくさん読んでみた。そこで学んだこと、感じたことをまとめてみたい。

いわゆる読書家、多読家の多くは（特に仕事が忙しくて、とてもできる人は）必ず自分なりの速読術を身につけているものである。先に紹介した立ち読み術も、速読の一つの技術である。

このように速読術を身につけないと、これだけたくさんの本が世の中に溢れている中で、自分にとって有用な本を見つけ、そこから学ぶことが難しくなる。

各種速読の方法で評判のものは、うまく一つの方法論にまとめてあるものである。だから、これから速読を身につけたいという方は、自分に合いそうなやり方を選んで、学ぶということはよいことだと思う。そこから自分流のものをつくっていけばいい。

それぞれにセミナーもたくさん開かれているようなので、それに参加するのも一つの手である。

速読に関する本で日本においてよく読まれたのが、フォトリーディングに関する本の『あなたもいままでの10倍速く本が読める』（ポール・R・シーリィ著・神田昌典監修・井上久美訳・フォレスト出版）である。

これは、本国アメリカ以上に日本で広まったやり方ともいえる。

このやり方の紹介者である神田昌典氏は、ビジネス書におけるベストセラー作家の一人で、本に関するマーケッターとしては超一流である。

その神田氏が日本に紹介したこともあって、勝間和代氏、本田健氏などがこれを活用し、ビジネス書出版界で大きなムーブメントが起きた。

神田氏の最近の著作『バカになるほど、本を読め！』（ＰＨＰ研究所）に、その「フォトリーディング」のことがよくまとめられている。

この本によると、神田氏は、「知識創造型の読書をすすめ、それを実行するための」次のような三つの原則をあげている。

1. 目的志向型の読書をする
2. 大勢の人と共に読む
3. 即、行動に結びつける

そして、この第1の原則に資するのが「フォトリーディング」だとする。

「目的を明確にすることの重要性はおわかりいただけたかと思うけど、さらにその効果を高めるには、目的志向型の究極の形といえる『フォトリーディング』を身につけるといい」とある（前掲書）。

「フォトリーディング」とは、「フォト」というくらいだからいわゆる〝写真読み〟に属するやり方の一つではあろうが、次のような仕組みとなっている。

ステップ１　準備
読書の目的を明確にする。

ステップ２　予習
本を手にとって、本の内容をざっと見渡す。表紙や裏表紙、目次などをざっと見て全体像をつかむ。だいたい１分から２分ですます。

ステップ３　フォトリーディング
①フォトリーディングの準備
②加速学習モードに入る

③アファメーション
④フォトフォーカス状態に入る
⑤安定した状態で、リズムよくページをめくる
⑥終わりのアファメーション

ステップ4　復習
まずは2~3分かけて本の中味をざっと見渡す。逆に、トリガーワード（中心的なキーワード）を取り出す。7分から9分程度でやる。

ステップ5　活性化
10分から20分の休憩を取る。できれば、一晩眠る。休憩を取ったらトリガーワードと自分に湧いた疑問を考え、見直す、そして必要な情報を集める。
それが終わったらスーパーリーディング（目を通常の何倍ものスピードですべらせる）。

だいたい以上のような仕組みだ。

それと、前提として精神を集中するための〝ルーティン〟を紹介している。それはミカンを想像してやるものだが、これも各自に合った〝ルーティン〟をつくればいい。この仕組みを知らずに、無意識的にフォトリーディングに近いやり方で速読をしていた人は、この理論は非常に勉強になるはずだ。

特に「ステップ４」と「ステップ５」については、あまり実践していなかったのではないだろうか。フォトリーディングは、この二つの段階を取り入れて、その速読の効果を大きくしたのはさすがである。

もう一つ注意したいのが、脳を左脳と右脳に分けて考え、右脳を活性化して有効活用しようという最近の動きも取り入れている点だ。

この右脳を重視する速読法は、故・七田眞博士の『波動速読法』（ＫＫロングセラーズ）でも提唱されていた。

同じく右脳を活用する速読の本としては、斉藤英治氏の『王様の速読術』（知的生きかた文庫）もある。

なお、『どんな本でも大量に読める「速読」の本』（大和書房）の著者の宇都出雅巳氏は、フォトリーディングについては批判的である。

宇都出氏は、「速読力＝速読技術×（知識・情報・経験などの）ストック」としており、ストックをつくることを重視している。

そしてその立場から、フォトリーディングについて、

「知識量や読書経験の乏しい人ならお手上げです。また、仮に読書経験があったとしても、なじみのない本・難しい本を読む場合であれば、せいぜい数回の回転しかならないフォトリーディングでは、一部の表面的な理解にとどまってしまいます。こんな場合でも、本のすべての情報がダウンロードされていると思い込んでいるために『すべてわかった』と勘違いしてしまうのです」

としている。

そして宇都出氏は、「10倍速く本が読める」というタイトルの文句も、間違った方向の読書を教えることになりかねないとも言っている。

このタイトルは、神田氏のマーケッターとしての能力が生んだもので、デビュー作『あなたの会社が90日で儲かる！』（フォレスト出版）と同じく、中味とはあまり関係のない、注目させるコピーである。この点は、確かに注意しておかねばならないだろう。

ただ、神田氏自身は、

「私は一冊をじっくり読むことを否定しているわけではない。『これは』という本があったら、頭から終わりまでじっくり読んでも、何回繰り返して読んでも良いと考えている。私も、大部分の本は、一冊数分で終わらせてしまうが、良書を見つけたときには、じっくり精読するし、何度も繰り返して読んでいる」

としている（『バカになるほど、本を読め！』ＰＨＰ研究所）。

宇都出氏の言うストック情報をしっかりと身につけた上で、フォトリーディングをうまく使っていきたい。

最近、速読に関する本を続けて出されている角田和将氏は、目線を速く動かしたり、全体を素早く見るための各種のトレーニング法を紹介されていて面白い（『速読日本一が教える1日10分速読トレーニング』日本能率協会マネジメントセンター、『1日が27時間になる！　速読ドリル』総合法令出版）。

氏もやはり、右脳活用を提唱されている。

他方で、独自の速読法を身につけている人も、実は多くいる。意識していないだけの人が多い。

というのも、たくさんの本に目を通さなくてはいけない立場上、必然的に速く読む必要があるからだ。

私は本屋さんでの立ち読みは超速読を身につける一番の方法と考えているが、もう一つ、各出版社が出している出版目録をそろえてよく読むと、本の読み方も早くなることを提案しておきたい。

各速読では、その本全体の構造を把握することを説くが、**そもそもその本の位置づけと主な内容を知ることができれば、もっといい。**

岩波文庫や岩波新書、そして講談社学術文庫や現代新書を始めとする各種の書籍案内はとても充実したものである。これを手元に置いてざっと読んでいるだけで、あなたの速読はかなりのものになるはずだ。

次項では、多くの著作で大人気の作家・佐藤優氏の速読法を簡単に紹介しておきたい。

佐藤優氏の速読法

佐藤優氏の書かれた本はとても人気がある。

それは、われわれ一般人の知り得なかった外交現場、それもロシア（旧ソ連）の事情をよく知っていることと、外務省情報分析官時代に読んださまざまな本から導き出される分析がとてもユニークだからだ。

もはや私たちがあまり読まない、マルクスの『資本論』なども丁寧に読まれて身につけておられるから勉強になる。

佐藤氏は一種の〝天才〟だと思うが、もちろん私たちと同じように間違えて書かれることもある。少し読者サービスが過ぎるところがあるのだ。

最近も、ある若い女性について、「某政党に使われている」と、調べもせずに沖縄の新聞に書いてしまい、その女性がびっくりしていた（佐藤氏は沖縄独立論を支援されているらしい）。

また『功利主義者の読書術』（新潮社）の中で、故・小室直樹氏のことを〝天才〟と持ち上げながらも、

「小室氏の知識が、ソ連を現地に見学したり、亡命ロシア人からの聴き取りによったものではなく、細部における内容が不正な欧米の書物から得られたものであることがわかる」

とされている。

小室氏自身は、ソ連に調査に行っていたし、何よりも佐藤氏がいた外務省の講師を務められ、各国の大使や外交官との勉強会も頻繁に主催されていた。

それにしても佐藤氏の本は面白い。その速読法もユニークだ。

速読には「超速読」と「普通の速読」があるとされる。

「超速読」とは、1冊を5分で読む方法で、試し読みとも言われる。それは、本を次の4つのカテゴリーに分けるための読書ともされる。

①熟読する必要があるもの
②普通の速読の対象にして、読書ノートを作成するもの
③普通の速読の対象にするが、読書ノートを作成するには及ばないもの
④超速読にとどめるもの

とにかく1冊5分と決めて、あとはひたすらページをめくり、ポストイットやページ折り、シャーペンやボールペンでの線引きや囲みで、気になったところがわかるようにするというものである。

「普通の速読」とは、文字をできるだけ早く追うものとしている。これは、「超速読」では文字を追わずにページを見るのと異なる点である。

「市販の速読術の本には、目の動かし方やページのめくり方などが書かれてあるが、そうした中で参考になる技法はどんどん取り入れていく。そして自分の性格に合った技法を身につける」と述べられている（佐藤優『読書の技法』東洋経済新聞社）。

ユニークなのは、定規を使うことをすすめられているところである。定規を当てながら読むのだ。

これで同じ行を何回も読むという無駄を避けることができ、誰でも1ページを15秒で読むことができるという。

また、「普通の速読」でも「超速読」と同じく、ポストイットとシャーペンは必需品とされる。

こうして1冊を30分で読むのを基本とし、本によってどの程度丁寧に読むかを分けるようにされているようだ。

そして1日1冊を目標に、「実際には週2冊ほどのペースで3か月続けることができれば、必ず何らかの効果が出るはずである」という（前掲書）。

ここまで、著名な方々の速読術を見てきたが、**すべての方に共通しているのは、速読の必要性を強く意識しているということである。**

読書が実生活に必要であり、短時間で大量の本を読むことがどうしても必要であるのだという、強い目的意識を持っているのである。

それがあれば、必ず速読術は身につく。次に述べるように時間を決めて読むと、必ず速さは増す。だんだんと自分に向いている速読法が身につき出す。

あとは、どの速読術が自分に合うかを、いろいろな本やセミナーで試してみればいい。

結局、大事なのは、速読モードに入るためにいかに精神集中するかである。

この集中の仕方は、人によって異なると思う。

各人がそのための自分の〝ルーティン〟をつくるべきである。

例えば私の〝ルーティン〟は、次のようなものである。

1. トイレに行く
2. 机につく
3. コーヒーを飲む
4. 1冊30分と時間を決める
5. 本立てに本を45度くらいに立てかけ、ページを開く
6. スマホの電源を切る
7. シャーペンを握る
8. 「よーし、読むぞ！」と気合いを入れる

以上である。

集中すると30分から1時間で必ず1冊を読破できる（その後は相当疲れるが）。そしてしばらく休んで、軽い読み物に目を通すのである。

私の文字を目で追う方法は、佐藤氏が言われる「普通の速読」に近い。文字をできるだけ早く追うというものである。

次に、もう少し、私が培ってきた速読術についてお話ししてみたい。

すでに行っている速読術からも学ぶ

ここまで見てきたように、世の中には、本当にたくさんの優れた速読術がある。

ただ、すでに述べたように、私たちも大なり小なり、すでに「自分流の速読」というものをやっているものである。

そこを見極めることで、「自分は何を基本とした速読術を身につければいいか?」ということの一つのヒントを得ることができるようになると思う。

ここでは、私が行ってきた「自分なりの速読術」を紹介してみたい。

まずは新聞読みだ。

これまで私は、原則として新聞は読んでこなかった。

大学生のとき、某新聞社でアルバイトを2年間ほどしたことがある。そのときは、

30分で主要全国紙を5紙ほどざっと読んで、そこの部にとって重要となるだろうところを切り抜いてファイルをつくっていた。当然、速く読まなくてはならない。

佐藤優氏も外務省時代、30分で6紙もの新聞をざっと読んでいたという。

たとえ1紙でも、じっくり読めば1日かかるだろうが、普通、誰もそんなことはしない。

全体をパッと見て、興味があるところ、重要なところをまず読む。キャッチコピーや写真を見てリード文を読む。そこでさらに詳しく読む。そして切り抜きをするかどうかを判断するのだ。

先日も、1か月の新聞をざっと読むという機会があった。ほぼ1時間くらいで全部に目を通し、数紙を切り抜いた。

これができるのも、

1．自分の問題意識が固まっている

2．1時間でやると時間を決めている

3．その問題についての前知識がある

という前提があるからである。

そして新聞は写真が多く使われていたり、大きな見出しとリード文がある。これはざっと見る目の動きの訓練になる。すると次第に、目立たないところにある自分にとって重要な記事を見つけることができるようになる。これはとてもよい速読の訓練、習慣づくりとなる。

同じようなことは誰でもやっているはずであり、これを速読に応用するとよいのではないだろうか。

つまり、

1．強い問題意識を持っている

2．知識のストックがある

3．全体を素早く見て、文字や写真をパッと見る（写真を撮るように）

4．時間を決めている

ということであり、これまで紹介した速読術とかなり重なるのがわかる。

次に雑誌読みについてである。

私も昔から比べると、かなり速く本を読むようになったが、私を一番鍛えてくれたのは、この雑誌の速読だったと思う。

本屋さんの雑誌コーナーや図書館で、雑誌をたくさん読んだ。

お金がなくて雑誌を買う余裕がなかった20代は、毎日のようにこうした立ち読みをした。

雑誌は新聞以上に写真が多いため、速読はしやすい。

また、そのテーマに加えて、著者が誰かによって読むかどうかを決められる。

これも、多くの人がやっている方法であろう。

目を速く動かし、右脳をうまく使う訓練には最適である。

ファミレスや居酒屋のメニューを素早く見て「何を注文すべきか」を決めるのが速い人は、速読をしていることになる。

こんな人でも本を読むことが遅い場合があるとするなら、それは、おそらく問題意識の差、好き嫌いの問題であろう。

最後に〝積《つ》ん読〟について述べておきたい。

これは、ある意味、究極の速読であろうと私は考えている。

よく本好きの人がブログで本を紹介しているが、この〝積ん読〟本の場合もあるので注意しておきたい。

ある有名な評論家が、年間で２０００冊から３０００冊は読んでいると書いていた。

なぜなら、そのくらいの量の本を買っているからだという。

つまりその人は、本を買って家に（あるいは事務所に）積んで置けば、読んだことと同じであると思っていることになる。

実際に本を買うときとか、買った後にパラパラっと中味を見られるのだろうから速読をしていることになるともいえる。


また、〝積ん読〟には別の効果もある。

部屋のどこかに置いてあって、何日も、長いときは何年、何十年もその本をチラッ、チラッと見ることになる。本の整理をしているときもまた見る。

そうしているうちに問題意識もできあがってきて、いざその本を詳しく読む必要があるときに、大きな力を発揮するのだ。

何を隠そう、これは私がいつもお世話になっていることである。

知らず知らずのうちに本を読んでいるのだ。究極の速読と位置付けると、精神衛生上もとてもよい。

以上勝手なことを述べてきたが、結論として、

１．強い問題意識を持つ

２．時間を決める

３．本をいかに役立てるかを考える

という姿勢を持ち、あとは自分に合った速読術を意識的につくりあげていけばよいのではないかということを強調しておきたい。

本の構成、つくられ方を知って読む

速読の技術についての本で、多くの人が共通して述べておられるのが、**「本の構成全体を見て、その本のことを素早く知ることが有効である」**ということである。そこには、少し誤解というか「現実的にそうではない」ということもあるようなので、老婆心ながら解説しておきたい。

まず、本で一番気になるところは、当たり前だがタイトルである。タイトルにはサブタイトルがついている場合もある。このタイトルは（あるいはサブタイトルも含めて）誰が決めているのか。先にご紹介した神田昌典氏の『あなたの会社が90日で儲かる！』『あなたもいままでの10倍速く本が読める』（いずれもフォレスト出版）は、著者自身が決めたと聞いている。

「90日」とか「10倍」とか具体的な数字を入れたところが、さすがにマーケッターである（これを根拠がいいかげんだと批判する人が出てくるのは、仕方がない）。

しかし、このように著者がタイトルを決めるというのは例外的かもしれない。

多くは出版社で決める。

出版社の中の誰が決めるかは会社によって異なる。編集なのか、営業なのか、合同会議なのか、社長なのかは、それぞれだ。

このタイトルが重要となるのは間違いないのだが、**時にはタイトルと本の内容がまったく違うこともあるのに注意しておきたい。**

ある本が出るとき、あるブームが突然起きて、そのブームに関する言葉が組み込まれることは結構ある。売らんがために、慌てて出版社がつけるのだ。これもマーケティングの一つであり、批判できることではないのだろう。

さらに、**「目次や文章の中のゴシック（太字）に注意しろ」**と多くの人が言う。

確かにそうだと思うが、これも編集者が、ここが重要であるとか、読者を引きつけるためとか、デザイン上そうしているとかであって、著者自身の考え方、とらえ方とは違うこともあるので気をつけてほしい。


最後に本の巻末にある奥付である。

これをよく見ることが、速読には欠かせない前提であるとされる。

ここで注意しておきたいのは、著者略歴である。

著者略歴は、どんな人がどんな内容を書いているかを知る上で重要な手がかりになるものであることには間違いない。

だから、どの速読の本の著者も、ここをきちんと読むことをアドバイスする。

しかし、この著者略歴もすべて正直なことが書かれているかどうかは、疑ってかからなくてはならない。

著者略歴の中に、「(これまで書いた本が) 世界中で何百万部も売れている」と書かれている本もよくある。

この何百万部という数字も正しいかどうかは確かめようがないし、「世界で」と言って韓国で５０００部だけ翻訳出版されたくらいの人であることもある。

まったくのウソは書かれないにしても、**著者略歴もマーケティング手段の一つ**と見ておいたほうが無難である。


これは「まえがき」「あとがき」にも言える。

「まえがき」「あとがき」は、著者がこの本で言いたいことが要約されているというが、必ずしもそうでないことがあることに注意したい。


以上、いくつかの注意すべき点を述べたが、本全体をまず見て、奥付を見るということが大事なことには変わりがない。

速読をする際には、ぜひこれらを注意しつつも、本全体をよく見て、本の持つニオイや感じるものも大切にしてほしい。

速読は、主体的人生を確立するための手段

言うまでもないが、本を読むということは、自分の人生をよくするための手段である。

本を読むことによって、仕事や人生で役立つ知識や考え方を学び、自分のものにするのだ。

また、本を読むこと自体が面白いということもいえる。

この手段たる読書だが、その、あまりにも大きな威力のために、これを目的としてしまう人がいるのも仕方がない（ある意味、それほどに読書を人生に取りこんだ人は最強の人になるともいえる）。

だが、あくまでも読書は手段であり、目的ではない。

当然、速読もそれ自体を目的とするものではなく、自分の読書生活をより充実させるための一手段として確立していくものである。

このことを、はっきりと意識しておかないと、おかしなことになる。

ほとんどの人は、こうした目的と手段を間違えることはないが、中には手段である速読の技術こそが目的かのように錯覚している人もいる。

ある本を紹介することを事業目的とする会社を起業した青年が、１日に何冊読むかが自分の目的となり、いつも内容のあまりない薄い本ばかり読んでいることにびっくりしたことがある。

私は、よい本を見つけたり、精読するべき本を見つけたりする手段として速読をするし、それで、本の一部を読むだけで終わることもある。

こうした態度を、「本に対して不誠実ではないか」とアメリカの大学で日本文化を教える、ある教授に批判されたことがある。

彼は、どんな本でも「まえがき」から最後のページまで丁寧に読み、必ずノートをつくっていた。

それでも、何でも読むかというとそうではなく、名作であるとか、自分の目で見てよさそうなものを選んで読んでいた。人の薦める本もよく読んでいたようだ。

もちろん、これも悪くはないだろう。

ただし、彼は学者であり、私たちのように仕事で必要な多くの知識を得ることまで求められていない。

私たちにはとにかく読むべき本がたくさんあって、そこから精読すべき本を選び出したり、急いで読んで仕事にすぐ使うべき情報があったりするのである。

これは一見不誠実のようであるものの、**自分の人生において主体性を持つことを大切にしていることを貫いているためでもある。**

斉藤英治氏の『王様の速読術』（知的生きかた文庫）は、このことをよく示してくれている本である。

サブタイトルには「本は優秀な『家来』。だが、謁見時間は30分じゃ！」とある。

先の大学教授は、よく私に「この分野あるいはこのテーマでは、どの本を読んだらいいと思うか」をメールで聞いてきた。

私は自分の経験から適当と思われる本を紹介していたが、それが絶対正しいとは思っていない。

私なりの偏見も多いはずだ。自分の読む本、自分の人生の時間だからそれでいいのだ。

彼にも、ぜひ自分なりの速読術で読む本を選んで、さらに主体的な生き方をしてほしい（多分、すでに私を含め何人かの情報源があって、一応聞いているだけで、自分なりの方法を確立しているだろうが）。

先に紹介したドラッカーの教えのキモは「誠実さ、真摯さ」であるが、読書はこの「誠実さ、真摯さ」という人格をつくり、そして実証していく最高の手段である。

これに目的意識が加わることで、真に最強の人となっていく。

あくまでも、読書は最強の人になるための手段である。

これを忘れずに日々自分を鍛え、読書する人が、最強の読書術を身につけることができ、最強の人になっていくのだ。

第3章
精読の技術

精読度合でその人のレベルが決まる

私の好きな、そして尊敬する著者たちは、**例外なく細部にこだわる。**

その記憶力に舌を巻くのだが、本当によく覚えている。それも正確にだ。

例えば、亡くなられた私の師匠の勉強会での議論では、いつも数字の正確さにこだわっていて、「よくもそんなこと知っているな」ということが多かった（〇〇の戦いは陸地から〇〇〇メートル離れた海で、大砲は〇〇ミリだったとか）。

先日、歴史的大ベストセラーを連発している有名な作家と夕食をともにしながら話をしていて、その細かいことに正確なところに驚いた。

私が、「あの人は今26歳かな」と言うと、「彼は25歳です」と言い切ったのだ。

その日は7月の終わりであったが、「彼の誕生日は8月10日ですから、まだ25歳です」というのだ。

その方は、確かに一部では注目の若手であったにしても、超有名というわけでもない人である。この正確さが、素晴らしい作品を生む秘訣なのだなと改めて思った。

「神は細部に宿る」

これはマンガ『ワンピース』を名作のレベルにしている理由の一つだと論じたことがあるが（拙著『ワンピースの言葉』参照）、彼らを見ていると、素晴らしい著作を残す人というのは細部もおろそかにせず、その姿勢が、構成、説得力を担保しているのだなあと感心する次第である。

翻って、それを導いているものは何だろうかと考えてみた。それを参考にすることで私たちの仕事も一流のものになるからだ。

第一に、**強烈な好奇心である。**それは単に興味があるとか、これを書けば売れるだろうと考えることを越えた「時代の使命感」ともいうべきものである。自分の存在を賭ける気迫があるのだ。

次に、**本の精読をしていることだ。**もちろん彼らは速読も大いにしている。しかし、

自分にとって必要な本、資料となれば、とことん精読をして覚える。だから細かなことも実に正確となるのだ。

凡人は、古い出来事とか資料の細かな点を読むのを面倒くさいと思ってしまうが、偉大な人たちは、それを面倒だとか、速く読み終えてしまえばいいとは思わない。

実によく精読するのだ。

精読というのは、精神を集中して注意深く読むことである。

この精読をどれだけやったかが、その人の現在の力量、人間の器を深めるといっても過言ではない。

いくら速読を繰り返しても、人の器は大きくならない。

速読は必要で大切な手段だが、精読する本を見つけたり、情報を多く知るためのものである。

最近は能力を高めるためにやると主張する人もいる。

確かに、ある側面では効果があるかもしれない。しかし、能力は正しくよく使うことで本物となっていく。精読不十分な速読では能力自体もそれまでだろう。

また速読は、それを続けることで精読自体のスピードが速くなることはある。

これも本によって違うだろう。

また、その人なりの精読のスピードというものもあろう。これは本人にしかわからない。

私は精読のスピードが自分ではとても遅いと思っていたが、人に言わせると相当に速いらしい。本当にちゃんと読んでいるのかと疑われた。

私も昔は本の読み方がよくわかっていなかった。

いつも、「速く読まないと1日1冊のペースが達成できない」とか、「読みたい本がいっぱいある」という切迫感があった。高校生のときには1日1冊読むという変な目標を立てていたものだ。

今では、1日1冊読むというようなバカな基準は持っておらず、1日に何冊も読むときもあれば1か月に1冊というときもある。

読書時間は1日のうちに8時間以上はとっていると思うが、1日に何冊読もうとかは考えていない。

よく、何冊を何時間で読んだとか書く人もいる。

そんな人に大した人物はいなかった。

これは私の経験であって、中にはすごい人もいるのだろうが、大体の人は、細部にいいかげんで重要な点を覚えていないことが多いものだ。

某新聞に書評を書いている作家に、「あの本を数時間で読んだと書いてありましたけど速いですね」と聞いたら、「読めるわけないでしょ」との答えにあ然とした。

「じゃあ、誤解するようなことを書くなよ」と言いたかったが、もう話もしたくなくなった。

それこそドラッカーが言う真摯さ、誠実な人格がない人に、本物の人はいないのである。

また、ある有名なイケメン評論家に「本の中に書いてあった寿司屋さんの話に感動したので今度連れていってください」と言うと、「よく知らない店のことなんだ。もうないんじゃないか」との答えだった。

そのとき私は、この人の本はいずれ世間が相手にしなくなると思った。

今も少しは本を出しているようだが昔の面影はない。ここでも真摯さ、誠実さのルールが当てはまる。

真摯さ、誠実さは、必ずその人を本を精読する方向へと向かわせるはずだ。

精読する本を選んでいく楽しみ

速読も多読も、そしてたくさん本を買うことも、すべては自分が精読すべき本を選んでいくためにあると言っても過言ではない。

その精読すべき本を、２００冊、３００冊と選んで、自分が手にしやすい場所に置いておくというのなら、それはとてもよい方法だ。

私も一度、本のほとんどを処分し、蔵書を２００冊だけにしてみたことがある。

ただ結局は、後から必要な本が増えてきて、あっという間に1000冊を超えることになった。

どだい200冊に絞るというのが無理なところがある。

自分の読みたい本は次々出てくるし、当然、再度読みたくなる本も現れる。

はじめはそうでないにしても、精読したいと思う本も出てくる。自分の変化に伴い読むべき本が変わるのは当たり前だ。

かと言って、以前から何度も読んできた本を手放すこともできない。後から参照することで威力を発揮することが多いからだ。

そこで、精読する本を、大体200～300冊くらい机のまわりに置くことにして、あとは可能な限り、家のどこかに置くことにした。

すると精読上もそんなに悩まなくてよくなった。

再び数千冊の本に囲まれてはいるが、それでもあまり読まないだろうという本は実家の私の部屋か倉庫にしまうことにした。

人にあげると喜ばれるという人もいるが、本は人それぞれに読みたいものがあるから、あまり賛成できない。

むしろ古本屋さんに引き取ってもらったほうが、世の中のためになる。

1万冊以上を古本屋さんに引き取ってもらった者の感想としては、「生きている間、本はどこか自分の手に届くところに置いておいたほうがいい」というものだ。

私がもう読まないと思って田舎の倉庫にしまった本の中に、その後、何回も読む必要が出てくるものがあることはしばしばある。

せっかくそろえておいた本も今はなく、処分しなければよかったと思うこともある。

済んだことは仕方ないので、再びせっせと精読すべき本を選び、机のまわりに置いては悦に入っている。

こうして精読すべき本を選んでいく作業は実に楽しい。

渡部昇一氏が、**「読み返す本を持っていることは人生の喜びの一つ」**とおっしゃっていたが、その通りだとこのごろ思うようになった。

それのみならず、その読み返す本が自分をさらに高め続ける大きな手段となり、一番の宝ともなる。

若いころは、とにかく次々とたくさん読んでいきたいと思いがちだ。しかし、人生もかなり経験が増えていくにしたがって、何度も読む本、すなわち精読すべき本が増えてくるはずだ。

何度も精読したい本がある安心感はいいものである。それは自分の内面の力が増していく手応えがあるからだ。

私に大した魅力はないかもしれないが、1日1日と、その素晴らしい本に書いてある内容を身につけていくことで、「そのうちにやってやる、見ていろよ」という気分になれるのだ。

自分にとって精読すべき本かどうか、あるいは何度も読みたい本かどうかは、人によって違うと思う。

人生の時期によっても違ってくるだろう。

アンテナを張りめぐらせて身につけた、自分に合う速読法をも使いながら、ぜひ何度も読みたい1冊を見つけていってもらいたい。

何せ、どれだけ精読してきたかでその人の人間としての力量、器は決まるのだから。

書き込み、ページ折り、抜き書きをしよう

多量の本を読んできて、目に見えて助かるのは、自分の書き込みがあるときである。何年も前、いや何十年も前の拙い自分の理解でも、自分がそのときに考えたり疑問に思ったりしたことを書いているのを読むと、一気にその理解は深まる。

不思議なものだなあといつも思う。しかし、これは最強の読書術の大きなテクニックの一つである。

まったく自分の力を信頼しているわけではないのに、理解の仕方が全然違うのである。

だから、人に見せる必要はないものだから、何でも思いついたことは書き込めばいい

い。人に見られて笑われるなんて考えてはいけない。そんな人は、いるはずがない。たとえいたとしても大バカ野郎である。

筆記用具は、シャーペン（えんぴつ）、ボールペン、蛍光ペン、何でもいいと思う。私の場合は長年のくせで、シャーペンをいつも使っている。だからシャーペンは何本も買っていて、どこにでもある。カバンの中、胸ポケット、机の上には何本かある。今は１００円でいいものがたくさんあるので気楽に買える。

ボールペンでもいいが、どうも気が引けるところがあっていけない。気にすることはないのだが（シャーペンで書いたにしても消すことは、ほとんどないから）、寝ころがって読むときなどは、ボールペンではかすれてうまくいかないこともあり、あまり使わない。

きちんと机の上などで読むときには、ボールペンもいいのかもしれない（今では消せるものもあるし）。

ある人に、黄色の蛍光ペンは運勢が上がると言われて、まったくそういうことを気にしない私も使ってみたが、やはりキャップを外すのも面倒だし、書き込みには不向きなので、すぐにシャーペンに戻った。

一番役に立つ書き込みは、本の先頭部分の余白ページに、重要部分とそのページ数が書かれているものだ。

特に、後に本を書くときに参考にする場合には大いに助かる。

ただ、これは本を読むスピードが落ちるなどして興ざめなところもあり、その本を何度目かに読むときにやるくらいがいいのかもしれない。

やはり、気になる文の後に線を引き、書き込むのがほとんどである。

また、書き込むほどのことはないときや読書のスピードを落としたくないときは、気になるところや重要と思う文章のあるページの角を折ることにしている。

後で読み直すときや、何かで利用するとき、この角が何箇所か折れている本を見るとホッとする。

一気に読んだところも思い出すから不思議である。

二度目に読んだとき、大したことがなかったと判断すれば、その折ったところを元に戻すようにしている。どの文章が気になったかは大体わかるが、その上で判断して戻す。

ただ、やはり線を引いたり、印をつけたり、何らかの書き込みをしたりしたときの効果には、いまひとつ劣る。

このように、最強の読書術には、ペンがいると思ったほうがいい。


さらに、これはという文章に出会ったときには、抜き書きをする。

ただ、これはとても時間がかかる。

例えば、私が原稿を書くときに一番時間がかかる作業というのは、ある本から文章を引用する場合である。

丁寧に写し間違いのないようにするためか、より深く考えて行うためか、自分の思考スピードと違う作業となってしまうためであろう。

だから抜き書きという作業は面倒である。

この面倒くささは、本の著者の思考をよく理解しようとすることからくるものではないだろうか。と同時に、このとき、「自分はどう考えるか」ということにも思考は及んでいることになる。

ということは、**これは自分の思考と文章を練ることにも関連する作業である。**

文章を上達させる最大の秘訣とは、優れた本をたくさん読むにつきるといわれる。そしてもっとよいのは、その中で素晴らしいと思われる部分を抜き書きすることである。

理由はすでに述べたように、抜き書きをすることでその著者の思考法がよくわかるようになり、自分の思考と文章も練ることができるためである。

抜き書き用のノートに投資をして、いいものを買う人もいる。

一方、私のように１００円ショップやコンビニで買ったノートを使う人もいる。

手帳式のものを持ち歩き、気になるとすぐに書き込むという人もいるようだ。

私は一度すべて読み終えて、抜き書きすべきと思ったときだけ、角の折れたページを見返してみて、そこで線が引いてある文章が、抜き書きすべきものかどうかをもう一度判断する。

それくらい大変な作業で時間もかかる。

しかし、その後の有難さは驚くべきものがある。

本を書くときにも、この抜き書きを応用している。

例えば拙著『スラムダンク論語』や『ワンピースの言葉』の執筆時がそうだった。

『スラムダンク論語』のときは、まずマンガ『スラムダンク』の名言を50個ぐらい抜き書きしていった。

念のため3回くらい熟読を繰り返し（その以前にも何度か読んでいた）、それで気づいたことをノートに書き留めた。

次に『論語』を読んだ。もう何度も読んでいて、全体でたった500個にも満たない文章なのに、読むたびに新鮮に感じて不思議に思う。

何回読んでも順番通りに暗記できない自分の頭の悪さを嘆きつつ、マンガ『スラムダンク』にピタッと当てはまるものを、その抜き書きノートに書き込んでいった。

このとき、本来であれば『論語』のほうは何冊かの本を参照しつつ進めるのだが、そのときは自分に合う1冊を決めて、それを中心に作業をした。

『ワンピースの言葉』のときは、同じようにマンガ『ワンピース』の抜き書きノートに、ベンジャミン・フランクリンの著作を中心に読んで書き留めていった。

それに加えて、宮本武蔵の『五輪書』を何冊かと、柳生宗矩《やぎゅうむねのり》の『兵法家伝書』や佐《さ》藤一斎《とういっさい》の『言志四録《げんししろく》』、西郷隆盛の『南州翁遺訓《なんしゅうおういくん》』などを読んで書き加えていった。

こういうやり方だと、古典の理解が一段と深まるし、マンガの面白さも引き立ってくるから面白い。

何よりも、古典を書いた孔子やフランクリンが、とても気の合う友人かのように思えてくるから不思議だ。

これは抜き書きをしたり、書き込みをしていて、いつも感じることだ。もちろん時には厳しい先生に思えることもあるが。

これらは1冊の本にして喜ばれたが、本にしないでも、自分の読書が深まる一つのやり方としてとても勉強になった。

どんな本でも自分なりの工夫で抜き書きをしたり、書き込んだりしていると、自分のものになっていく。これも最強の読書術のテクニックの一つとなる。

同じテーマで読み比べをする

1年に1テーマを集中してやってみると、驚くほどの能力が身につくということを先に述べた。

同じように、**同じテーマに関する本を何冊も読み比べていくと、自分の読書力が相当に上がる。これによって自分がどんどんすごくなるのを実感できるはずだ。**

例えば、『孫子』を研究するとき、次のようなやり方をした。

まず友人の学者の本を分析した。そしてその本を適当な長さで切り取り、ノートに貼った。

次に、代表的な研究者の本を次々と読んだ。その中には少なくとも1冊、自分にピタッとくる本があるはずだ。この本を中心に読みながら進むと（読み比べていくと）、理解度はぐんと高まる。そのとき、「孫子切り貼りノート」に沿いつつ、気になったところを書き込んでいった。

こうして何冊も読んだ後に、そのノートに従いつつ、もう一度友人の孫子本で書くべきところ、表現がわかりにくいところをチェックして、自分の考え方を加えていった。

こうしたやり方をすると、もう何を読んでも自分なりの『孫子』ができているので、理解は速い。

その上、自分はもう自分の孫子をつくっているという自負から、名著と言われる本も恐れることなく、堂々と批判的に読めるようになった。

名著の著者たちというのは、自分の『孫子』というものを確立して、その上で本を書いている。これは、『論語』あるいは『徒然草』などでもそうである。

自分がこのレベルにまで高まると、さらに研究の幅は広がる。自分は学者ではないので、気の向くまま研究ができる。


例えば、秋山真之をテーマとして集中して研究したことがある。

秋山は『孫子』を徹底的に研究していた。

海軍大学校の教授をやっているときに、後に海軍大臣となる八代六郎《やしろろくろう》の翻訳した軍学書に『孫子』の言葉と教えを書き加えている。

私はこれを詳しく調べて「秋山教授の孫子講義」として１冊の本にしたいという願望を持っている。そうすることで、日露戦争時の秋山が考えた作戦のこともかなりわかってくると思う。それと今のアメリカの戦略にも影響を与えているマハンの『海上権力史論』を学んだ上で、『孫子』を考えている秋山の思考が面白い。

また吉田松陰も3年くらいかけて集中して取り組んだテーマである。

松陰も『孫子』を講義しているので、それを自分なりに再現できないかとの目標を持っている。「吉田松陰の孫子最終講義」だ。

残されている文献は、型苦しいものだけである。

小伝馬町の牢獄で、死ぬ直前に、囚人たちの強い要望で『孫子』を論じている。そのとき囚人たちは、皆、感動の涙を流したといわれている。

恐らく日本の日本たるゆえん、日本のこれからを考えて「なぜ自分はこのような生き方をしているのか、あなたたちが日本を支え、変えるのだ」ということなどを『孫子』の内容にからませて語ったのであろう。

このように、1~3年スパンで一つのテーマに集中して取り組むと、いろいろなことに興味が出てくる。

日本を代表する研究者たちの本を読み比べていくうちに、かなりの読解力がついてくる。

私は学生時代は何の知識もなく、理解も深くなく、例えばゼミの教授との対談はとても恐かった。

それが並行読書を何年も続けていると、恐いことなどなくなった。

そこで疑問に思うことや、「あなたはこの理解が不十分でないか」というようなことも、平気で大学教授たちに対しても言うようになった。

もちろん、尊敬の念を持ち、礼儀を十分にとった上での発言を心掛けてはいる。

説明を聞いて納得できれば、すぐに改めて謝罪をする。

そういったことをする前には、そのテーマについて世間に出ている評判の本には必ず目を通す。

こうした並行読書は本当に力がつくので、必ずやって欲しい。

すでにやっている方は、ぜひ自分なりの研究成果を一つはまとめておいてほしい。

本にするかどうかは別にして、それは大きな財産となって、あなたの人生や社会の宝物となるのは間違いない。

速精読のすすめ

いつのころからか、私は自分で〝速精読〟なる概念をつくって、たまに実行している。

これは速読と精読を同時にやるものである。

精読をやるとスピードは落ちるものだが、これを落とさずにやる、極めて集中力のいるものである。

極度の集中力を必要とするため、非常に疲れる。疲れるが、神経は活発に働くのでなかなか眠れなくなることがある。だから、よほど大切なときにしか行わない。

自分の一生を左右するかもしれない仕事のときや、「今やらないといつやるのだ」と思えるようなときにやる。

速精読をやるさいの準備段階として、その分野の知識はある程度蓄積しておくことが望ましい。

一度、精読した本であると、とてもいい。何度か精読した本であると、もっといい。

精読の繰り返しが、私に速精読の概念をつくらせたといっていい。

速精読は１時間くらいで１冊の本を読むことになる（速読は30分で１冊を原則としている）。

大量の情報を正確に理解し、頭に入れることになるから頭も相当使うことになる。

例えば、『論語』や難しい法律書でも、過去に読んだことがあるものだと、１時間くらいで済む。その内容の理解にも自信がある。

それが、あまり詳しく読んでこなかった『孟子』などになると、とても1時間では読めない。１か月はかかる。

あるとき、速読術を身につけていることで有名な二人のベストセラー作家に聞いたことがある。「この英語の本をどれくらいで読めますか？」と。

一人の著者は15分と答えた。

もう一人の大家は10分と答えた。

私はその本を読むのに何か月もかかるので、それが本当なのかはよくわからなかった。

ただ、『論語』についてのある理解を、二人とも間違っていることがわかったので、いくら速く読んでも、間違った理解をしては意味があまりないと思った。

だから速読は有用な技術だと思うが、いつもやるべきものではないといえる。

精読と速読の間に〝速精読〟なるものをやって、正確な理解と速く読むことの二つの目的を達成することが必要であると思う（ただ何度も言うように、これをいつもやると精神も頭も疲れるので、月に1日を限度にすべきだと制限を設けている）。

速精読をやるときは、邪魔が入らないようにしないといけない。

途中、邪魔が入ると精神の緊張が切れて、元に戻すのに大変時間がかかるからだ。

家族持ちの人は、「1日籠りきりになるから、ごはんも自分で用意して済ませるよ」と言っておくべきだ。

理想は一人きりになれるホテルに泊まってやることだろう。私の尊敬する師は、よくそうしていた。

佐藤優氏が自宅とは別の場所で仕事をするというのも、作業に集中したいがためであろう（佐藤優『読書の技法』東洋経済新報社参照）。

私は、一人になれるところを探して速精読をしている。

ホテルでも3度ほどやったことがあるが、これは快適だった。

ビジネスホテルだと狭いため気分的によくないので、一流ホテルの広めの部屋を使ったが、お金がかかるという別の問題が出てきてしまう。

だが、かなりの力が自分につくと思えば、この投資は決して高いものではない。

変なセミナーに行くより、どれだけためになるかわからない。

一人旅行を決めて、旅行地のホテルに泊まるのもいい。

海外の一流ホテルは特に快適である。南の島のビーチやプールサイドは最高である。

今は、年に1度ほど、取材を兼ねて2、3日の国内小旅行に行っている。

このときも、本を集中して読めるようなホテルに泊まる。

取材に関連したり、現地に関連する本だと、理解度が高まる感じがして、その読書スピードや面白さもグッと高まる。

最初は、速精読がなかなかうまくできないこともあるが、慣れるとだんだん身につくようになる。

疲れたらホテルの近くを散歩したり、歴史的に有名な土地を訪ねて気分転換をするといい。

速精読を楽しんだ後は、自分の力が高まったのを実感して家に帰ることができる。

なお、話は〝速精読〟から離れるが、全世界、全国各地には必ずゆかりの史跡や名勝がある。これを見るのは読書術の向上につながる。

いくら著名な人の本でも、自分の目で見ると「それは違う」と言えるようになるし、理解の仕方が全然違ってくる。

つい先日も、名古屋近くの桶狭間《おけはざま》や静岡の長篠《ながしの》に行ってみた。すると有名な「桶狭間の戦い」や「長篠の戦い」についての自分の思い込みや本に書かれてきた内容と、実際のものは異なることがあるとわかった。

こうして速精読をする場所を見つけて、本を読みつつ、各地を見て回るのは最強の読書術にとって不可欠なものであるといえる。

また、現地で売っている、そこにしかないという本や資料をできるだけ手に入れることも大きな武器となることをつけ加えておきたい。

読んだ本を忘れない方法

読んだ本のことは忘れるべきという人もいる。

彼らは、覚え過ぎると新しいものが入りにくくなるのを理由とする。

あるいは、自然に任せ、その中で覚えていて自分のものになったものだけが重要で、自分のオリジナルはそうしてつくられていくのであるという。

確かに、本に書いてある内容をそのまま、自分の意見のように言う人もいるが、それではつまらない。

読んだ本を覚えておくというのは、勉強や、語学の学習においては特に有意義である。

また、本を書くときも、覚えていると役に立つことも多い。

ただ、覚えているつもりで確認してみると、自分の記憶との違いにびっくりすることもかなりあるので、書く際は必ず原典に当たるべきである。これは執筆者と編集者の最低限のマナーでもある。

私はどちらかというと自然に任せる主義ではあるが、覚えたい読書のときは次のようにしている。

○やたら線を引く、そして時には書き込む。
○読んだ後に、表紙デザイン、目次、奥付をしげしげと眺める。
○デザイナーや編集者の名前を確認する。

○さらにもう一度、線を引いた部分をパラパラと読んでいく。
○さらに、「この文章のことは忘れてはいけない」と判断するとノートに抜き書きをする。
○読んだ後は、同じテーマの本をそろえておき、時々眺める。

この眺めるという作業だけでも記憶はかなり定着する。気になったフレーズや確かめたい内容があるときにすぐ見ることで繰り返し記憶に働きかけ、定着させるのである。


蔵書を多く持つことの意義は、こういったところにあるといっても過言ではない。

私も、小学校3年生のときに、親戚のおばさんに買ってもらった「織田信長の伝記」はずっと覚えていた。

なぜなら、実家の本棚にでんと構えていて、いつもそれを見ていたからだろう。その内容も鮮明に覚えている。

同じく、高校生のときに読んだ新井白石や福沢諭吉関連の本は、とても難しかったが、これも本棚に置いて眺めていた。おかげで何十年たっても覚えていて、本を執筆するときの参考になっている。

だから読んだ本を覚えておく最大の秘訣は、とにかく本棚に置いていて、たまにそれを眺めておくことである。そして気になればパラパラっと見るのだ。これだけでその記憶と理解に天と地ほどの違いが出る。

線を引いたり抜き書きをしたりするのは、より記憶を定着させるためである。

語学を覚えるときによいのが、実際に友人や外国人に話してみることである。

これを本にも応用して、本の内容を語り合える友人をつくって話すことも有効である。

読書サークルや読書会などは大きな威力がある。

神田昌典氏は、著書の中で次のようにこの読書会を強くすすめておられる。

「江戸時代の末期には、吉田松陰の『松下村塾』や緒方洪庵の『適塾』などの私塾が数限りなく生まれた。松下村塾からは高杉晋作や久坂玄瑞、伊藤博文、山縣有朋などが輩出され、適塾からは福澤諭吉や大村益次郎、橋本左内などが輩出されたわけだけど、そこで行われていたのは、まさに全員で本を読み、議論するという教育だった。新しい時代をつくるには何をすべきかを話し合い、そうした議論を行動につなげることで、日本を動かす大きなムーブメントとなり、ついには明治維新によって新時代の幕を開けることができたわけだ」

そして、

「変革期こそ多くの人が書物を求め、自分たちはどのような未来を生きていくかを議論し、行動につなげていく。

これは日本の伝統なのだ。食や洋服よりも書物を欲するのは、そこにエネルギーが宿っているからでもある」というのだ（『バカになるほど、本を読め！』ＰＨＰ研究所参照）。

実はこれは、昔から実行され、抜群の威力を発揮してきたことであることを、偉人たちや名経営者たちはよく知っていた。

トヨタの基礎をつくった豊田佐吉も、大工見習いをしつつ、村の青年たちと『西国《さいごく》立志編《りっしへん》』（サミュエル・スマイルズ著・中村正直訳）や『学問のすすめ』（福沢諭吉）をみんなで読み、そして語り合う中で発明家を志した。

アサヒビールの奇跡の回復を実現した一番の原動力も、再建のために住友銀行から社長として送り込まれた村井勉氏が若手を集めて行っていた読書会だったのだ。その後、本好きの若手が次々と名経営陣となって奇跡の復活と成功は実現されたのだ。

こうして見ると、最強の読書術には、本のことを語り合う仲間をつくることが必要となるのがわかるだろう。

そこまでしなくても、本好きの人で話を聞いてくれる人がいることほど幸せなこともない。

『論語』の第1章は、そのことを述べている。

「孔子曰く、学んで、自分で繰り返し復習し、それが身についていくことはうれしいものだ。そうした中で刺激し合え、高め合える友が来てくれて、共に学ぼうとしてくれることほど楽しいことはない」

孔子は、ここで人生の喜びと、勉強法、読書法の真理を説いている。

吉田松陰も同じことを述べている。だから師と友達はよく選べという。

本を読み、勉強する友でなければ、つまらない。どんなに見かけがよい人でも、本を読み、勉強し、誠実な人でないとつき合いは続くものではない。楽しくなくなるからである。

人生の喜びは、長くつき合える人と会って、しかも楽しく語り、その上お互い刺激し合い、高め合えるところにある。

「その友人と本の素晴らしい内容を語り合いたい」という動機に勝る、本の内容を記憶し、理解度が増す方法はない。

また、自分が書く文章の一部に、その本の内容を引用させてもらうことも、記憶を定着させることになる。

わざわざ本にしなくとも、自分のブログでも私的なノート上でも構わない。それだけで、正確さと記憶の確かさが高まることになる。

さらに、先の〝速精読〟のところで述べたように、その本に関連した地を旅するなり、見に行くなりして全身で感じることだ。

これをやると、まず忘れなくなる。

先日も東京赤坂の勝海舟の住居跡に行って、「この辺りで海舟もふんどし一つでふんぞりかえっていたのか」と思いながら、『海舟座談《かいしゅうざだん》』を読んだ。海舟が何だか親戚のおじさんのように思え、理解力も暗記力もぐんと高まったように思う。

このように、人は全身を使い、あるいは人に会って話し、関連する地に行くことで、本の読み方も最強のものになっていくことになる。

以上、読んだ本を記憶する方法について述べてみたが、仮に忘れてしまっても気にしないことである。以上の方法を試していくうちに、だんだんと覚えていくものである。

第４章
手帳・ノートの技術

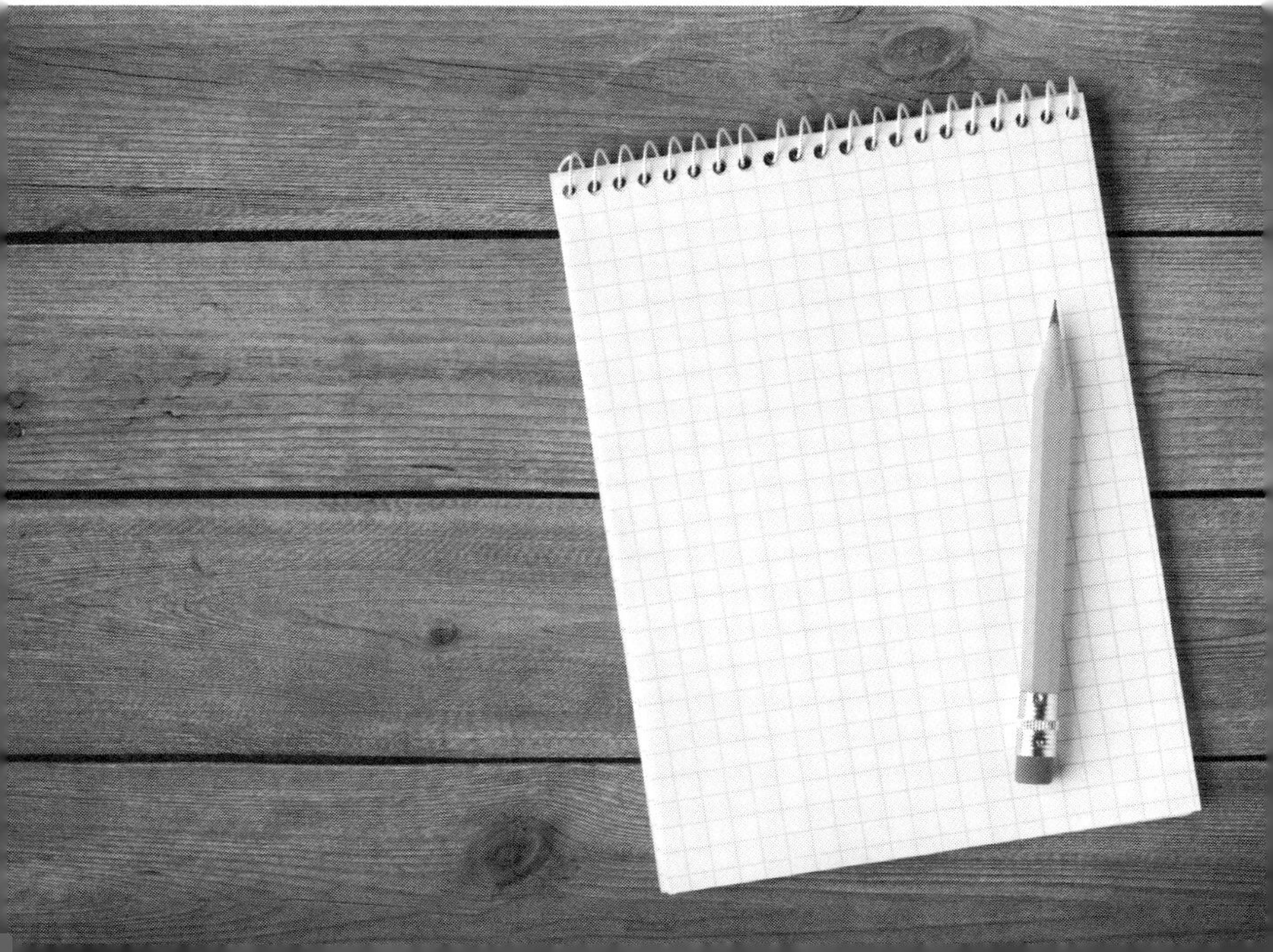

スケジュールと人生目標

手帳やノート、メモをうまく使うことで、あなたの読書はさらに強力なものとなる。このことは誰もが痛感して、何らかの試みをしてきたはずだ。

私自身は、10代のころは好奇心から自分流のノートをつくり、日記のようなものを少し書いたことがある。

20代に入ると、日々挑戦ということで、ノート、手帳、日記のたぐいを書くような気持ちの余裕もなかった。

30代から必要に迫られて、スケジュールを書くための手帳を活用した。この手帳の他にカードをたくさんつくり、ノートの代わりにしていた。このカードは10年ほどで数十冊ほどになった。

一つは、自分のこうなりたい目標や人生設計のカードである。いつも訂正したり書き加えたりしていて、持ち歩き、ヒマなときに眺めることにしていた。

他には、本を読んで感銘を受けたところをカードに抜き書きしていた。40代になると、カードをやめ、ノートを使うようになった。本を大量に処分したときに、それまでのカードも一緒に捨ててしまった。今思うと、どちらも持っておけばよかったと反省しているが、気分を一新したかったのだ。悔やんでも仕方ないので、気にしないようにしている。

カードにあれこれと書いて人生目標としてまとまったものができると手帳にも書き込んで、それで年間計画や日々のスケジュール管理を一体化させることができて、日々の生活も充実していた。

ふり返ってみると、カードに、そして手帳に書いた人生目標のうち、かなりのものは実現できたが、まったく叶わなかったものもある。

それでもかなり実現できた理由は、そうした**自分のやるべきことをカードや手帳に書き、文字化して、自分に言い聞かせたからであろう。**

今わかっていることは、手帳、ノート、カード、メモなどをうまく使うことで、あ

なたの人生も、読書も、まったく違ったものになるということだ。

これは20代、30代のうちに、ぜひともやったほうがいい。せっかくの自分の人生を有意義なものにするためにである。

例えば、どうでもいい（と思えた）付き合いに誘われることが、20代、30代には多いものである。これが若さの楽しさでもあるとは思うが、短い人生のうちの、この20代、30代の１日は決して無駄にはできない。

そのとき手帳やカード、ノートを見て、そんな時間はないのだと思い、「自分には野暮用があるので」と言って、時々は断ることにしていた。

読むべき本や、やるべき勉強が私を待っていたからだ。

ただ人とのつき合いも重要で、本を読むこと以上に得ることは大きいときもある。こういうときは予定を変更すべきである。

吉田松陰が言うように、**人生は師と友とよい読書で決まるところがある。**自分がつき合いたい人のことを明確にしておくとよいと思う。

昔、ドイツのフランクフルトに出張したときのことだ。

パリから来た同じ会社の人間が、「自分は毎日１００個の仏語単語を覚える必要がある」と言って、二次会には行かずホテルに帰ってしまった。

「意志が固いな」と思ったが、せっかくの飲み会もいいのにとも思った。

ザクセンハウゼンのバーで、ドイツ駐留の若いアメリカ軍兵たちと、世界のこと人生のことを話した。これは私のよい経験となった。

後に、ベトナムに仕事で乗り込むオーストラリア弁護士と友人となったが、彼ら白人のアジア人に対する見方などを熱く議論して、後々とても役立った。

このように、自分の勉強を優先するか飲みに行って人と語らうか、難しい判断の連続ではあるが、いくら若いときといえども一瞬たりとも無駄な瞬間はないということが言いたいのだ。それを手帳やノートを使うことで日々意識できる。

人生後半は、10代、20代、30代の毎日で何を決断し、何をやってきたかで決まってしまう。だから、手帳、ノート（カード）は必須である。

どのような手帳やノートを使い、何を書くべきかについては、たくさんの本が出されているし、セミナーも開かれている。

私は、何でもいいからまず手帳とノートを買って使い始めることだと思っている。そうしているうちに、必ず自分流の手帳術・ノート術ができる。

とりあえず次の項目は、手帳・ノートにぜひ書いてほしい。

①人生の目標
②人生の価値観（自分が大事にしていくこと）
③（1年から3年くらいの）短期のテーマ・目標
④今年の目標
⑤日々のスケジュール

そして記録として
①出会った人

②読んだ本
③食べた物（できれば体重も）
※これは、特に人生後半での健康維持にとても重要。何か病気になったときは医師による治療に役立ててもらったり自分で反省するための重要な資料となる。

以上の内容のほかに、あなたらしい項目を書き込むことができれば、人生への影響も絶大なものになるだろう。

ノートに書き写すことで力がつく

売れっ子作家たちが口をそろえて言うのが、**「抜き書きの効用」**である。

例えば、浅田次郎氏は、中学生以来、日本文学の多くの作品から「これは」というものを書き写したという。それが今の氏の作品を生み出す最大の力となっているのである。

また、毎月３００冊の本を読み４００字詰めの原稿用紙で30枚以上の原稿を書いているという福田和也氏や佐藤優氏も、抜き書きを続けられているという。

これは、今に始まった手法ではない。

本を読んで力をつけるためには、よい本を写したり、抜き書きをしたりすることがいいということを、偉人たちは知り、実践していた。

私たちが大好きな幕末の偉人たちを見てみればすぐわかる。

例えば西郷隆盛である。

西郷隆盛が2度目の島流しで沖永良部島《おきのえらぶじま》に流されたとき、ほとんど死刑に近い処分にあい、本人も死を覚悟していた。

そのとき、西郷の人格の高潔さに惚れた人たちが、牢を移し、本を差し入れ、西郷を助けた。

西郷は本をむざぼり読んだ。その中で佐藤一斎の『言志四録』から１０１カ条を抜き書きして、暗誦したという。

岩波文庫にその抜き書き１０１カ条が、有名な「南洲遺訓」の付録として載せられている。

「抜き書き」が本となって、しかも古典として読まれているのも珍しい。

その「抜き書き」を見ると、それが西郷の血となり肉となっていたのがよくわかる。

最初の四つを見てみると、それがよくわかる。

①人の価値は、どれだけ人のために生きているかにある
②地位や名誉そして見せかけの成功にまどわされてはいけない
③情（人への思いやり）が、宇宙万物を一体とさせている
④何事も人を相手にするのではなく、天を相手にして取り組め

まさに『西郷南洲遺訓』や西郷の思想「敬天愛人」の背景にもなっている。

「敬天愛人」は、キリスト教の影響があるという説もあるが、佐藤一斎の思想にも通じるものがある。当時の日本人の思想においては、かなり一般化している考えであったのだと思う。

いずれにしても後の西郷の生き方は、こうした抜き書きをいつも眺めることで、一本芯が通ったものになっている。

また、西郷の親友・勝海舟も、本を写すことで力をつけている。彼は剣術も相当にやったが、その道着のまま机に向かっていた。外国語の辞典を借りて1年がかりで2部写したという。1部は自分用、1部はそれを売って謝礼などの費用に充てた。ほとんど布団に寝ることがなく、机の上に伏して寝たという。

10代、20代、30代前半はそのくらいの気迫が必要である。睡眠時間を減らしてでも、集中して本を読み、勉強し、そして体を鍛えておくことだ。

30代後半あたり、40代になると、あまりそのような無理をしないほうがいい。40代以降は、そうした今までの読書と勉強の蓄積を実践に生かすときである。

それまではあまり感じなかった読書、特に抜き書きの威力を実践の中で感じることは間違いない。

なお、抜き書きは、40代以降もとても役に立つが、徹夜などの無理はあまりすすめられない。健康を害しては元も子もない。

実は、私は勝海舟を若いころバカにしていたことがある。そのころ尊敬していた福沢諭吉が、『福翁自伝』や『瘠我慢《やせがまん》の説』の中でボロクソに言っていたからだ。

後に、勝海舟に関する勝部《かつべ》真長《みたけ》氏の本を読んで、その間違った理解を改めたのである。

現在1万円札にもその肖像が使われている福沢諭吉を尊敬することは今も変わらないが、書いているものすべてを信じてはいけないと知った。

吉田松陰が、孔子、孟子を尊敬することはすごいものがあったが、読書をするときの心がけとして、孔子、孟子でもおもねるようなことではいけないと述べているのと同じことだ。

必ず自分で読んで、自分の頭で考えてみることだとわかった。

その福沢も、若いころはひたすらに本を写した。

15歳まで読書をせず、勉強もしなかったと述べているが、これも信じてはいけない。父は漢学者で、諭吉の誕生は中国の書『上諭条例《じょうゆじょうれい》』を買ったときと重なり、嬉しくてその名から「諭」を付けている。兄も同じく漢学の素養がかなりあった。だから幼いときから当たり前のように漢学などは身につけている。『学問のすゝめ』に自分なりの『論語』の解釈をしているのを見ても、それはよくわかる。

この小さいころの素地に加えて、持ち前の合理的な思考と向学心で、ひたすら勉強し、次々と西洋の文物を自分のものにしていった。その基本の勉強は抜き書きや書き写しであった。

教育者としてもとても優れた人だったが、その上に素晴らしかったのは、時代を読むマーケッターとして抜群の才能を持っていたということであろう。

『福翁自伝』で使われている、アメリカの少女と二人で写っている（そこにいた写真屋の娘と写っただけだったが）写真を見てもそれがよくわかる。

さて「抜き書き」だが、次のようなことに注意して実践してほしい。

○抜き書き用ノートを買って準備しておく。

○「抜き書き」はあくまで、自分のペースで行い、これを「義務」とは決して思わないこと（そうしないと続かない）。

○読書を10とすると、抜き書きは１になるかどうかくらいの時間配分がいい。

○本を読んでいるときに抜き書きすべきだと判断したら、その部分を線で囲んだり、線を引いたりした上で、ページの角を折っておく。

○１年に１回、あるいは数年に１回パラッと眺めると効果は抜群となる。

○抜き書きノートは捨てないでとっておく（私はほとんど捨ててしまって反省している）。

○自分なりのコメントを書いておく。

ノートはどんどんつくれ

日本は長いデフレ経済の中で苦しんできたが、悪いことばかりではなかった。例えば、居酒屋さんの飲み代がどんどん安くなり、ファミレスタイプの料理が安くておいしくなったことなどである。

それと、１００円ショップといわれる低価格商品を売る店が増えたことだ。ユニクロなどの服も低価格となった。

もちろん経済全体のことを考えると、安くなったと喜んでばかりもいられない。それに、本当によいものはそれなりの値段はする。

たまには本物の、一流のものを求めて消費するのがいいと思う。安い外国産ばかりを使った料理より、おいしくて安全な国産品を使う料理はやはりいいものだ。

私も、玉ねぎなどを自分で育てて食べているが、買うよりお金と手間がかかるものだ。しかし、それはそれでとてもおいしいものだ。

話は大きくそれてしまったが、私が言いたいのは、「この便利な時代、賢く消費して、世の中を活性化させるとともに、自分の人生も大いに充実させていこうではないか」ということだ。

だから１００円ショップも大いに利用し、時には、一流レストラン、（内外の）高級ホテルを利用してみるのも人生が広がっていいと思う。

私は文房具には、あまり高級品を使わない。

一流の作家などは、外国の高級なペンを使う人も多いと聞く。

それはそれでとてもいいことだ。それだけ書くということに力を入れているからだ。

私は、シャーペンやサインペンは安売りのドラッグストアで１００円もしないものをたくさん買う。

すぐ失くすし、ないと不安になるので、とにかく大量に買ってどこにでも置いている。

それとノートだ。

100円ショップかコンビニで売っているノートを、これもたくさん買っている。知的生産を行う（少し大げさだが）というのに、この安さは何だろう。それでも途中で使わなくなったノートもたくさんあって、もったいなく感じることがある。

よく考えると、どれだけ役に立っているかわからないのだから（大きく役に立っていることもあるのだから）、どんどん買ってどんどん使うようにしたほうがいいのだ。それで、読書生活も、知的生産生活も、かなり充実していくことは間違いない。

尊敬する作家の一人、池波正太郎の執筆ノートが記念館にあったが、名作の数々が昔の小学生がよく使っていた「ジャポニカ学習帳ノート」に書き込んだ簡単な構想から生まれていた。

昆虫や花の写真が表紙になっている、この「ジャポニカ学習帳」は私も使ったことはあるが、あまり有効活用はできなかったようだ。

何だか、きちんと使わないとノートに申し訳なく思い、汚い私の字を書き入れるのに躊躇を覚えたからだろう。

この年になると開き直って、「字が下手なのは仕方がない。これも個性の一つ」などと言って何でもノート化しようとしている。

最初の数ページだけ使って終わってしまっているものは、あとは切ってメモ帳にするなどして使っている。

メモ用紙ばかり増える感じだが、いつしか自信作が生まれるかもしれないし、自分の精神衛生上なくてはならないものである。

１００円をけちって、お金に代えがたい大きな財産が生まれる可能性をなくしてはいけない。

思いついたことを書き込めるノートを、ぜひどんどんつくってほしい。

読書の質も、これで随分と上がることは間違いないだろう。

切り抜きノートのすすめ

先にも少し述べたが、大学生のとき、2年間ほど某新聞社の政治部でアルバイトをしたことがある。

そのとき最初に先任者から与えられた仕事は、有名全国紙の朝刊・夕刊をざっと読んで、参考にすべき記事、重要と思われる記事を切り抜いて資料をつくるというものだった。

それを約1時間でやるのだから忙しい。

速読し、速判断しなければならない。

これは速読のよい訓練になった。

今の新聞社ではどうなっているのかは知らないが、当時は資料室というのがあって、自社の新聞をテーマごとに切り抜いていた。

記者は、過去の記事を見つつ、矛盾がないように、その記事を参考にして書いていくのだ。かなり重要な資料となっていた。

私は、それと同時に、自分用の切り抜きをやっていた。雑誌やパンフレット、本のコピーなども切り抜いた。

これは自分の思考形成に非常に役立ったが、6畳1間の部屋にとても収め切ることができなかったため、しばらくしてやめてしまった。

10年ほど前からは、(前に述べたように)再びいくつかの大ざっぱなテーマごとに大学ノートに切り抜きを貼っている。

昔のように新聞を中心にということはしない。

新聞も時には切り抜くし、インターネットに載っている記事や雑誌のデジタル版記事、個人の書いたものなども、プリントアウトして貼っている。

本の重要箇所のコピーも貼るときがある。時には破いて貼ることもある。抵抗は少しあるが、自分の身になることのためには仕方あるまい。

尊敬する歴史作家の一人、童門冬二氏は、破ってもいいように、本は2冊買うらしいが(『童門式資料整理法』実業之日本社参照)、私にはそんなスペースもお金もないのであきらめている。

これは大変な作業のように思えるかもしれないが、大したことはない。とりあえず1週間分くらい、重要と思われる部分を切り抜いたり、コピーしたりして場所を決めて集めておく。

週に1回くらい30分前後でこれらをざっと分けて、ハサミでノートに貼れるサイズに切り、その上でテープで貼りつける。

大学ノートを使うので、このハサミとテープは必需品だ。

部厚くなるし、形は不揃いだが、誰に見せるわけでもなく、自分の参考用であるからまったく気にしない。

今はいろいろなところで非常に勉強になるパンフレットなどの資料をつくっているが、これも必要と判断したら（あまり大げさに考えずに、面白いと判断すれば）、切り取って貼る。

それでも年間に数冊から10冊くらいにしかならず、昔のように切り抜き用ファイルの山に埋もれるということはない。

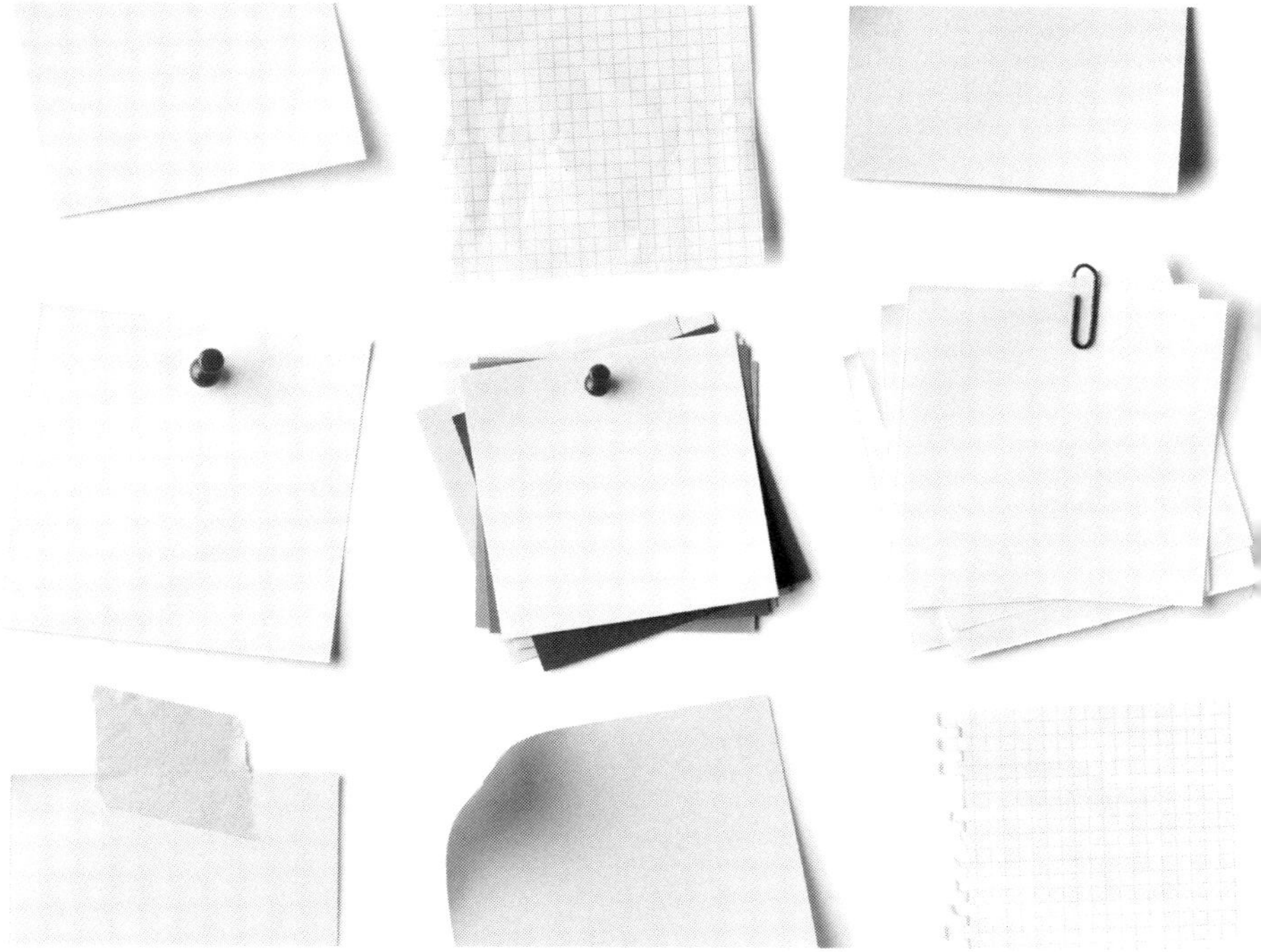

中には、一紙まるごと必要となり、切り取ることができないものもある。

こんなときはそのまま保管しておくしかないが、ノートに貼っていないために見過ごすことにもなりかねない。いつのまにか失くしてしまうが、これも気にしないようにしている。

こういうときは、ノートに手書きで、○○年の○月○日、○○新聞の○○の記事とか書くようにしておくといいだろう。

私のカバーする範囲は、時事、国際問題からスポーツ、歴史など広いので、あまり難しく考えないで適当に分けて、切り抜きを貼っている。

まったく使わないこともあるノートだが、将来原稿を書くときの参考になるし、自分の思考整理にはとても有用だと思う。

それと、**詳しく勉強する時間がないときに、「とりあえずその問題については資料として残している」という妙な安心感が持てるのである。**

つまり、本当に役立つ資料となるのかわからないにしても、こうしたアンテナは張

っているという自信にはなる。

そしてその分野の著名人と会うときにザッと予習でもしていると話が深まる。そして読書する際の理解度も深まるので、みなさんも是非やってほしい。

また、もし将来本をまとめてみようという人にとっても、非常に重要なツールとなるだろう（自分の記憶だけだと信頼できない文章となることがあるので、それを防ぐために）。

年表や比較対照表をつくる

孔子は、『論語』にあるように、自分の人生を次のように語っている。

「私は15歳のころ学問に志し、30歳でやっと一人立ちする自信を得て、40歳になってあれこれ迷わなくなり、50歳になって天が自分に与えてくれた使命を知り、60歳で何を言われても腹を立てずに素直に聞けるようになった。そして70歳になって何をやっても道をはずすことがなくなった」

孔子自身は謙遜して、自分の人生が遠まわりしたということを述べたものであろうが、この文章を読むたびに、自分は何と孔子に遅れをとっていることかと反省してしまう。

15歳で学問に志し40歳であれこれ迷わなくなったというが、私は20歳になってもまだ何を志すべきかわからなかったし、40歳を過ぎても迷ってばかりいた。

かつて教育者として多くの人の尊敬を集めた森信三は、偉人伝を読むことをすすめ、できたら**その偉人の年表をつくって、自分と比較して反省し、あるいは目標にしたらいいと述べた。**

なお、森信三については、『修身教授録』（致知出版社）をぜひ読んでほしいが、最近では金融界で活躍されている北尾吉孝氏が『森信三に学ぶ人間力』（致知出版社）を書かれていて参考になる。

私のある先輩は松下幸之助を尊敬し、その年表を自分でつくり、いろいろ比較して自分を叱咤激励していた。

作家が作品を書くときには年表をつくり、主人公と関係者のプロフィールや、時代背景の年月日を間違えないようにすることが多い。

これは初歩的なミスを防ぐこともできるものだ。また、その人を語る上でその時代というものは欠かせない。

私たち自身のことを考えただけでも、「何歳のときに何が起き、何が流行していたか」の影響を強く受けている。

髪型やファッションを見ただけでも、そのおおよその年齢もわかりやすい。

私の先輩たちは、いわゆるボタンダウンシャツを愛用し、ビートルズを強く愛した。

昔、クリントン米大統領がボタンダウンのシャツで登場してきたとき、「ああ、あの世代か」と思ったものだ。

多くがビートルズ好きで、ベトナム戦争に反対した世代である。クリントンもその影響を受けたはずだ。

日本ではカラオケでマイクを持ったら離さなかったり、徒党を組んで暴れたり、反体制の人をインテリと思いがちな、いわゆる〝団塊の世代〟である。

これはいつの時代にもあてはまることだ。

つまり、孔子も時の子であるということだ。人肉を食べることもあった中国の春秋戦国時代の人である。

もちろん人間であるから、今と変わらないところも多い。

「最近の人は、昔の人と比べて中庸の徳がなく色を好む」と嘆いているところは、2500年前の孔子も私たちと同じである。

日本の戦国時代の代表的な人物は、武田信玄、上杉謙信、織田信長、豊臣秀吉、徳川家康などであるが、彼らは同じ時代に活躍している。それぞれ生まれた時期は微妙に異なり、死んだ年齢も違う。

これが複雑に関係し合っていて、この関係を比較することで歴史の真実もよく見えてきて面白い。逆に、これがわからないとよく理解できなくなる。

だから私はそれぞれの年表をコピーし、これを比較しつつ、このあたりの本を読むでないとよくわからないことも多いのだ。

他にも、例えばトヨタ自動車の創業者・豊田喜一郎や松下幸之助の人生年表を見ながら、現代企業の発展具合を確認しつつビジネス書を読む。すると本の理解も違ったものになる。

こうして比較しつつ読むことは、歴史ものだけでなく、いろいろな分野で興味深くなり、理解も深くなるのでおすすめである。

私たちは学者ではないから、これらを興味半分で気楽にやればいいのだ。こうして自分なりの年表づくりや比較対照表をつくるのはとても面白いし、理解が深くなる。

読書もまた一歩、深くなっていく。

と同時に、物を書く場合には必須の作業ともなるだろう。

蔵書とノートは生涯の財産

今私は、実家でこの原稿を書いている。

実家には懐かしい思い出の品がたくさんある。

昔の写真。

スポーツで活躍したときに貰った小さな楯やトロフィー。

昔よく登った木。

家族や同郷の友人たち。

それに、生意気なことを書きなぐった本たち。

実は日記はあまり書かなかった。何度か挑戦したが続かなかった。祖父や父はいつも丁寧なものを書いていた。

書き続けられればそれは貴重なものになっていたと思うが、それでも思いついたことや感銘を受けた本からの抜き書きを見ると、当時自分が何を考えていたのかがよくわかる。

そのころは、自分は大してものを知らないのであるから、書き記すものも低レベルだと思い込んでいた。

それでもほんの少しノートに書き残したものがある。その内容は確かにひどいものが多いものの、「自分という人間の基本的な志向はあまり変わっていないんだ」とか、「こんなに大それたことに挑戦したいと思っていたんだ」と、ニガ笑いしてしまうこともある。

つまり、**自分の思考形成過程、成長過程がわかって、逆にこうした初々しい心に、身を正すことができる。**

初心忘るべからず、である。

何十年たっても、考えることは案外一本でつながっているものなのだとわかるのだ。

こうしてみると、今まで提案したような、いろいろなタイプの自分なりのノートをたくさんつくって残しておくことは、生涯の財産、一生の宝となるのではないだろうか。

これは人が見ても何てことはないものの、自分にとっての宝物であるのは間違いない。

将来それをもとに本を書いてもいい。

本にまでしなくても、アルバム以上に、自分という人間のこれまでの姿がよくわかる。そして何よりも本を読むたびに人間力が増していく。

また、蔵書というものも、自分の大きな宝物であることがわかる。

NHKの朝のドラマで注目された『赤毛のアン』(モンゴメリ作)を翻訳出版して、日本中に『赤毛のアン』ファンをつくった村岡花子という人がいた。その翻訳シリーズを宝物にしている人たちが私のまわりにけっこういた。

大学の体育局に属してスポーツをやっていた先輩もその一人だった。「えっ、あなたが」という屈強な人だったが、すでに何十回と読んでいると言っていた。

昔、一緒に仕事をしていた夫婦もそうだったが、実は私の妻もそうだった。

花岡さんの『赤毛のアン』シリーズを大事にしていた。

カナダのプリンスエドワード島が今でも日本人に人気があるのも、その影響である。

昔フランスで仕事をしていたときに、ソルボンヌ大学卒の有能な女性社員が、日本のマンガ『キャンディ・キャンディ』にはまっていた。

この『キャンディ・キャンディ』も、かなり『赤毛のアン』に影響を受けた作品だと思って読み比べてみるととても面白かった。

当時（20年ほど前）、パリの女性だけでなく、東南アジアや台湾、韓国でも、この『キャンディ・キャンディ』と『ドラえもん』は、若者たちに圧倒的に支持されていた。この二つのマンガをよく読んでいると、話がスムーズに進み、ビジネスもやりやすかった。

『赤毛のアン』のみならず、マンガの『キャンディ・キャンディ』や『ドラえもん』を蔵書にしておくことで、随分ビジネス上の国際交流でお世話になったことをいつも思い出すのである。

今では『ワンピース』や『ハンター×ハンター』、『宇宙兄弟』などもそろえているが、これも私の財産になっている。

今、原稿を実家で書いていると言ったが、父の蔵書の中から、山岡荘八の『徳川家康　全26巻』（講談社）を見つけ、寝る前に読んでいるが、1巻で500ページ近くもある超大作で、2日に1冊のペースで読んでも2か月近くかかってしまうことになる。

他にも山岡荘八の『柳生一族』や『吉田松陰』などもあったので、これも読もうと思っている。

書き込みも何もないが、父はこの本たちを読んでどう思ったのかを考えたりする。書き込みや線が引いてあると、もっと楽しめたかもしれない。

蔵書は個人のもので、子どもや子孫に残すものでもないが、子どもの私は、父や祖父の残した本の中に、彼らの姿を思い出す。

何よりも、昔から自分自身がそろえているこうした蔵書は、打ち出の小槌のように

さまざまなアイデアや反省を私にもたらしてくれるし、書きなぐったノートはそれ以上の宝物となる。

ぜひノートを残し、蔵書を持つ生活を楽しんでもらいたい。そしてこの世にあなたが生きた証、活躍した証をたくさん残していってほしい。

第5章

書く技術を磨けば
読書の技術と能力が
上がっていく

文章を書けば、読書力が向上する

最強の読書術の仕上げは、書くことである。

その人の書いたものを見ると、その人柄や何に価値を置いているのかということが、かなりわかってくる。

私の友人は、人と最初に会うときに「何を読んでいいと思ったか」を必ず聞く。それで大体の人柄がわかるという。

これに加えてその人が書いたものを読めば、かなりの確率で人と成りがわかるから面白い。

人は、案外自分という人間が何を考えているのか、何をやりたいのかがわからないことがあるものだ。

そんなとき、自分で文章を書いていくうちに、自分というものがわかるようになるのである。

10代から20代にかけて書き込んでいたノートを見ると、今とあまり変わらない自分を発見して驚く。

思想的に随分と変わり、知識も相当増えたのだが、自分の人柄や、どういった価値を重視しているかという基本のところにはかなりの共通点がある。

あるとき、若い人たちの文章を見てあげたことがある。

すると、その中の一人は、自分の生き方が間違っていたとわかったと言った。

そして、それまでの出版社編集部勤務をやめて、小さな英語塾を始めた。

また、伴侶も〝この人だ〟ということがわかり、熱心に口説いてゴールインした。

これは私にも経験がある。

若いころは、竹内久美子氏の本に書かれていたり、おつき合いしていた経営者さんたちが言っていた、「仕事のできる人はみなエッチでたくさんの異性とつき合う」ということに影響を受けて、それを信じていた。

あるとき、竹内久美子説を筋に、パナソニックやサンヨーの創業者たちについて文章を書いてみようと、いろいろと調べてみたことがある。

サンヨーの創業者・井植歳男は、「自分も大将（松下幸之助）のように、たくさんの女性とつき合うためには、社長にならなくてはならない」という理由でサンヨーを創業したというのだ。

確かにその理由もあったのかもしれないが、もっと強い動機は別のところにあると思った。松下氏も井植氏も、もっと根本のところが一番の理由であるはずだ。でなければ、あんな大きな仕事はできない。

これは昔の豊臣秀吉や徳川家康でも同じだった。

もちろん、大きな仕事をする人というのは、男女ともに広くつき合う。それで当然もてる。

しかし、エッチなだけ、あるいはエッチを前面に出す人というのは大成していない。

例えば、豊臣秀吉を見てもそれはよくわかる。正妻・ねねを一番大事にしていたし、男の部将たちをうまく束ねることに最大の気を使っていた。

これは〝今太閤〟と呼ばれた松下幸之助だって同じである。たくさんの女性とつき合ったというが、井植歳男の姉・むめのを妻として、どこまでもそれに従っていた。

パナソニック初期の成功は、この妻・むめのの手腕とも見られる。

私自身の拙い経験でも、あまりにエッチ好きで、それに最大の価値を置いている人でいい仕事をしている経営者はいなかった。

そうして文章を書いているうちに、自分の考え方がよくわかり、自分も度を越えてたくさんの女性とつき合うようなことはしまいと心に決めた。

『ドン・キホーテ』を書いたセルバンテスはこう言った。

「あなたの友人を見ると、あなたの人間がわかる」

私はこう言う。

「あなたの蔵書とあなたの文章を見れば、あなたがどういう人かがわかる」

1日にどのくらい書くか

文章がうまく、よく書けるようになるには、次の三つの原則が大切となる。

第1原則　本を大量に読む。できれば名文と言われるもの、古典的なものを読むこと。
第2原則　自分でものを考える習慣をつくる。テレビ・新聞・本を参考にしても、自らの目と自らの頭を一番信じること。
第3原則　とにかく日々書き続けること。

第1と第2の原則がいかに大切かはこれまで述べたので、ここでは第3原則について考えてみたい。

日々自分でものを書くということは、実は第1と第2の原則を推し進める原動力にもなる。だからこの三つは、有機的に関係しており、どれ一つもおろそかにはできない。

書くことで本を読む必要性を感じ、読み方も真剣になり、勉強する。

また、どうしても自分の見方を伝えるべきとなり、自分自身の考え方・見方を練るようになるのだ。書くことで最強の読書術は出来上がるとはこういうことだ。

では、私たちは1日にどのくらい書けばいいのか。

プロの作家たちは次にように言っている。

大量の評論を書き、無類の読書家で知られた谷沢永一は、400字詰め原稿用紙に換算して10枚が限度とした。つまり4000字である。それ以上書くと、雑になるし、頭が働かなくなると言っていた。

1日10枚書けば、1か月300枚で本1冊は書けるペースである。

年間12冊出す人というのは売れっ子作家でもある。超売れっ子になると、年間で20冊、30冊という人もいる。

今で言うと佐藤優氏あたりであろうか。佐藤氏は1日大体20枚、多いときには50枚も書いているようだ。

少し前にたくさん本を出されていた福田和也氏は『ひと月百冊読み、三百枚書く私の方法』（ＰＨＰ研究所）という本があるくらいだから、1日30枚くらいであろう。これもすごい。

現在、時代小説の世界で超売れっ子の佐伯泰英氏は、1日で20枚くらいであるという。月のうち20日を執筆されて、毎月1冊本を出すペースを守っている。

推理小説の大家・西村京太郎氏は、1日40枚くらい書かれているようだ。

こうしてみると、プロの作家たちは少なくて10枚、多い人で40枚ほど書いているようだ。

しかし不思議なもので、1日にたくさん書いても、一人の人が生涯で出す本というのは多くて３００冊程度である。

それ以上は、読者にあきられてしまうのであろう。それが限度のようだ。

考えてみてほしい。いくら好きな作家といっても、３００冊を読み、本棚にそろえると「もういいよ」となるに違いない。

生涯１０００冊も書くというギネス級の著者もいることはいるが、こう言っては大変失礼かもしれないが、その書かれた内容は、どれも同じようなもので、10冊も読めば十分である。

私も最初は大いに勉強になったが、こういう人の本は10冊以上はもう読めない。その人の思考パターンがほぼわかり、書かれる内容も推測できる。

だから読むに値する本を書かれる人というのは、やはり最大で月１冊ペース、すなわち１日10枚、４０００字ペースの人であろう。

年間に12冊、これを40代から書かれて（早い人は20代、30代の方もいるが）、60代で何とか３００冊が限度ということになる。こういう３００冊なら読む価値がある。

これは日本でもかなり多作の人の部類で、以上を参考にすると、私たちが目指す１日の書く量がわかる。

プロの作家、それも売れる作家を目指す人は１日10枚、４０００字を書く。それも内容のある、読者に支持される内容のものを書き続けるのだ。

そこまでいかないが、そこそこに売れる本を出す人は、年間で3冊出すレベルだ。

1冊300枚として、3冊で900枚だから、1日2枚から3枚書けばいいことになる。

つまり800字から1200字である。

大体、1000字を目安として書けばいい。

これは、本を出さない一般の人でも参考になる。

1日1000字なら30分から1時間あれば書ける。

もちろんそれを書くための読書や資料読み、調査が1日3時間くらいはかかるだろう。

これが目指す標準となる。

年に、2、3冊書くペースで考えて、1日に大体1000字書くことをすすめたが、
例えばこれを集中してやることで1日に10枚、4000字を書くようになる人もいるだろう。これもよいと思う。

こうして書いているうちに、もしかしたら本を出すことになるかもしれないし、そうならなくても、その人の知的生産人生は、とてもハイレベルなものとなる。

何よりも、その人生が充実するのは間違いない。

私自身のことを述べると、高校生から大学生になるまでの一時期、ジャーナリストになりたいとの思いも少しあったが、前にも述べたように某新聞社のアルバイトを長く続けて、嫌になった。

20代、30代と実業のビジネスの世界が本当に楽しく、そこに没頭した。ただ、本を読むことは大好きであった。

ひょんなことから、ある人の本の制作のお手伝いをすることになり、そのうちに（好運も手伝い）本を出すことができるようになった。

本を読むことと、自分の知的生産生活が第一にあって、本を書く、本を出すというのはあくまでも副次的なものである。

今こうして拙い本を書かせてもらっているが、それは自分のこれまでの読書人生で学んでわかったことや、そして失敗してきたことが、少しでも若い方の役に立てばいいなという恩返しの気持ちからである。

私は今、1日に10枚、つまり4000字程度をペースとして守っている。その10枚を書くために、それ以外の時間を（書くとき以外の時間を）、読書と資料探索に費やしている。

読書によって人格を磨くと文章がよくなる

文章がうまくなる三つの原則を紹介したが、大前提を一つ述べておきたい。それは、前に紹介したドラッカーの『マネジメント』で力説していたことである。つまり人格が大切だということである。

よきマネジメントは、人格が磨かれた人でないとできないことと通じるのである。

「文は人なり」という。本当にそうだと思う。

人格は、文章に表れる。

中には、「えっ」と思う人格の人が売れっ子作家であることもある。

しかし、少し時代を経ると、そういった人の本は読まれなくなる。

ずっと読まれ続ける人と、いくら売れている人でも後に読まれなくなる人の一番の違いは、その作家の人格によるのではないかと思うようになった。

思想や立場が異なっても、真摯さ、誠実さがない人の文章には、何か欠けている。

ドラッカーが言ったように、本物の作品を〝マネジメント〟することができないのである。

この視点で作家を見ると、夏目漱石、司馬遼太郎、藤沢周平、池波正太郎など、長年読まれ続けてきた人というのは、人格的にも素晴らしいものがあったのがわかる。

このことは、私たちが文章を書く上でも参考にしなければならない。


読書をするということは、もともと人格向上、人生修養の一つであった。そして人としての総合的な実力の向上も、その目的にあった。特に昔はそうだった。

現在は、これに加えて「楽しい」からというのがあり、それが第一の目的となっているところがある。事実楽しいのであるから、当然である。

昔の人も、最初は人格向上、修養のために読書を始めたが、続けているうちに、読書自体が楽しくてやめられなくなったのではないか。

幼いころから本を読んできた徳川家康が、年を取るにつれ、本をいつも身近に置いて手放せなくなったのもよくわかる。

この、人格を高めていくという読書の効用が、文章を書く上でも絶大な効果をもたらすのである。

それともちろん、日常生活や仕事の面でも、この人格向上が生かされることは、ドラッカーの言うとおりである。

日本人はよく本を読む人たちであるからこそ、礼儀正しく誠実で約束を守るという、人格に優れている人が多かったともいえる。

これが、長年ビジネスにおいて世界的に大きな地位を占められるようになった最大の理由である。

よくアメリカの雑誌『フォーブス』が、「世界に一番影響を与える人は誰か」とか「誰が資産家か」という特集を組むが、大した意味はない。面白半分のゴシップレベルのものである。

本当に大事なのは、国民一人ひとりの質である。

誠実な人、約束を守る人、本を読む人がどれだけいるのかが、一番重要である。

たまに短い翻訳をしてみる

文章を書くようになって悩むのは、いかに正しくて、面白くて、書くに値する内容にしていくかである。

このことを考えていく中で気づくのは、自分の記憶だけに頼ることの愚かさである。

例えば、いかにも独創的な世界を展開する作品を書く村上春樹氏でも、メモやノートにあらゆることを頻繁に書いて記録しているようだ。

そのエッセイを見れば、いかに細かくメモ、ノートを取っているかが歴然としている。

どんなにユニークな作家でも、こうしたメモ、ノートなしには大した内容のものが書けなくなる。

例えば、村上氏の作品の中には、早稲田近く神田川沿いの大いちょうのことや和敬塾のこと、あるいは神宮外苑あたりの食堂のこと、飛行機の中でのことなどが、実に細かくて出てきて面白い。真実味があっての訴求力である。

タマゴが先かニワトリが先かと同じで、このメモやノートをしょっちゅう取ることは、よい文章を書くために必要である。そしてその基本にあるのが普段の大量の読書なのである。

そして、こうしたメモ、ノートなしの自分の記憶のいいかげんさには、びっくりすることが多い。

だから私も、今では歳をとってなおさら記憶力が弱くなっていることもあって、メモ、ノートは欠かせなくなっている。

ノートの場合は、捨てない限り残るのでいいが、問題はメモである。書いたのはいいが、すぐにどこに置いたのかわからなくなる。

そこで、そのテーマの本の間にはさむか、テープで貼っておくのもよい。面倒なときは、「何でも用」のノートをつくっておいて、そこに貼ってもいい。

もちろんこのノートには、思いついたことや面白い話を書き込んでもよい。テーマごとのノートとは別に、こうした何でも用ノートがあると便利だ。このノートの表紙には、○年○月○日から○日までというように日付を書いておく。たまにこうしたノートをひっくり返してパラッと見ておくと、後に文章を書くときに思い出してその部分をチェックすることができてとても有効だ。もちろん、自分に役立つ知識や考え方を再確認できるという効果もある。

村上春樹氏の話題が出たので、ついでに言うと、氏のデビュー作『風の歌を聴け』（講談社）は、自分自身が英文で書いたものを、日本語に訳した作品だという。

村上氏はその英語力が自慢の人だが、その独特の日本語の文章は、この翻訳作業を通して磨いた面もあると思う。

私たちは翻訳家でない以上、本1冊を翻訳するなどという無謀な試みはやめて、その代わりに短い英文を翻訳してみることだ。それだけで、かなり文章力がアップする。

ある知り合いの有名翻訳家は、

「翻訳というのは外国語の力が必要になるのは当然ですが、結局、よい翻訳ができるかどうかはその人の日本語文章の力によると思います」

と言っていた。

確かに、翻訳する人の日本語力以上の翻訳はできないのだからよくわかる。

私は短い翻訳をすることで、日本語の文章の書き方について真剣に悩む。これが実に勉強になるのだ。1冊を訳するほどの時間もないし、力もないが、短い部分だけでも本当に力がつく。

例えば、村上氏の翻訳した作品を、原文と日本語で読み比べるのも面白い。

また、ドラッカーの原文と上田惇生氏の訳とを対照させても勉強になる。カーネギーの名言も翻訳してみると、出版されている日本語訳と、自分の解釈がどう違うかがわかり、これも面白い。

話をメモ、ノートに戻すと、自分が気に入ったメモ、ノートをいつも用意するといい。

ある多作で有名な人は、秘書がいるときはいつもポストイットの大きいものにメモをしている。あるいはテープを回している。

一人のときも、ポストイットは必ず持っている。

私は、不用になったA４のコピー用紙の裏紙を自分の気に入ったサイズに切ってメモ用紙をつくり、ペンと同様にあちこちに置いているし、持っても歩く。

ノートはテーマごとのものは家にあるが、何でも用ノートは1冊いつも持ち歩いている。

前はこうしたメモ、ノートよりも本をたくさん持ち歩くのを常としていたが、本と同時に絶対に忘れてはならないものがこのメモ、ノートそしてペンであることを気づかされ、今に至っている。

自分の本をつくってみよう

日本の国力は、本を読む人の数でもわかる。

それに加え、一人ひとりが自分の生き方にこだわりを持ち、自分の意見をしっかりと持っているのがすごい。

私はネットニュースの読者投書欄や、ヤフーコメント欄に目を通すのが日課の一つになっているが、実に勉強になる。教わることだらけだ。

一人ひとりがそれこそ本を書いて出してもいいくらいだ。

だが現実は、ビジネス的には簡単に成り立たない。

例えば、私たちのまわりには、アイドルタレントたちより歌がうまい人は必ずいる。

プロの歌手並みにうまい人もいる。

しかし、これが商業ベースとなって、人がお金を出してその人の歌を聴くかといえば、そう簡単にはいかない。何か売れるためのポイントがいる。

このセールスポイントは、ちょっとした時代の動きで変わる。

同じように本の世界でも、ある日突然流行作家が生まれる。

例えばお笑いタレントのピース・又吉さんの本が売れたのは、人気お笑いタレントという特殊なセールスポイントがあってのことだろう。もちろん文才は認めるが、だからといって本を出せるかどうかは別問題なのだ。

こういう状況の中で、日本人は日本人らしく、自分でいろいろな形で自分の文章を本などの形にして発表する機会を持っている。

自費出版という分野が盛んなのも日本ならではのことだろう。

１００万円くらいで本にできることもある（中には50万くらいからもある）。

４００万円から５００万円出せば書店に並ぶ立派な本となる。

ただ、商業ベースの本とは違い、流通販売される数はとても少ないのが現状だ。中には、自分のまわりだけに配るつもりで100部限定でつくったら、100万部を超えるベストセラーとなったという本もある。

今はさらに電子出版という方法もある。数万円で電子出版をやってくれる会社も多いようだ。さらには、自分のホームページをつくって文章を載せるのも定着している。例えば歴史研究では、こうした街の研究者のブログは一定の評価を得ているものもたくさんある。東大の歴史学者の方も、インターネット上に書かれたことも勉強しているという。

このように、日本の書きもの文化、出版文化のすそ野は広い。私がよく人にすすめるのは、原稿をコピーして私家版の本をつくってまわりの人に配ることである。その数は数冊レベルから数百冊レベルまである。

中には、町の印刷屋さんで小冊子の形にして万を越える数を配ったという人もいる。これは立派な〝出版〟であるが、商業出版という形にはならない。しかし、後の世でどちらが評価されるかはわからない。

多くの人に見せ、読ませなくてもいい。自分の読書生活・知的生産生活が充実し、自分自身の人生がより有意義になっていくのが一番である。

ぜひとも、それぞれ自分に合った読書生活、知的生産生活を見つけ、自分の人生を充実させ、世の中の活性化に貢献していただきたいと思うのである。

これで、あなたの読書も最強のものになるのは間違いない。

【著者紹介】

遠越段（とおごし・だん）

東京生まれ。

早稲田大学法学部卒業後、大手電器メーカー海外事業部に勤務。

1万冊を超える読書によって培われた膨大な知識をもとに、独自の研究を重ね、難解とされる古典を現代漫画をもとに読み解いていく手法を確立。

著書に『スラムダンク武士道』『スラムダンク論語』『スラムダンク孫子』『ワンピースの言葉』『ゾロの言葉』『ウソップの言葉』『20代のうちに知っておきたい読書のルール23』『世界の名言100』『心に火をつける言葉』『ゼロから学ぶ孫子』『大富豪爺さんがくれた1通の手紙』『ポケット判 桜木花道に学ぶ“超”非常識な成功のルール48』『ポケット判 人を動かす！ 安西先生の言葉』『偉人たちの失敗』（すべて総合法令出版）などがある。

装丁　萩原弦一郎、戸塚みゆき（デジカル）
写真　iStock

知識を自分のものにする
最強の読書

2016年2月12日　初版発行

著　者　遠越段
発行者　野村直克
発行所　総合法令出版株式会社
〒103-0001 東京都中央区日本橋小伝馬町15-18
ユニゾ小伝馬町ビル9階
電話 03-5623-5121

印刷・製本　中央精版印刷株式会社

落丁・乱丁本はお取替えいたします。

ISBN 978-4-86280-488-4

総合法令出版ホームページ　http://www.horei.com/

遠越段の好評名言集

心に火をつける言葉

遠越 段／著　定価 1500 円＋税

缶コーヒー、キリンファイア、話題の３６５日日替わりＣＭの名言を収録！ ソクラテス、トーマス・エジソン、マハトマ・ガンジー、ゲーテ…、百数十人におよぶ世界の偉人たちの名言集。永く語り継がれてきた言葉の数々は、我々の心を鼓舞し、癒し、元気づけてくれる。そして、日々の仕事、生活に立ち向かっていくことができるちょっとした勇気を与えてくれる。

心に火をつける言葉II 情熱の燃やし方

遠越 段／著　定価 1500 円＋税

ＣＭでも話題となった大人気名言シリーズ、待望の第２弾!! 前作に引き続き、世界の偉人たちの名言を厳選収集。アイザック・ニュートン、アンドリュー・カーネギー、アンネ・フランク、チャールズ・ダーウィン、といった、誰もが知っている人たちを始め、これまであまり注目されていなかった、知る人ぞ知るという偉人たちも数多く登場。

世界の名言100

遠越 段／著　定価 1500 円＋税

人生を生き抜く上で力となる、珠玉の名言 100 ！ エルバート・ハバード、ベンジャミン・フランクリン、ジュリアス・シーザー、ドラッカーといった世界の偉人達を始めとして、出光佐三といった、近年評価を見直されている人たち、または、落合博満といった現在活躍している人などの珠玉の名言を厳選収集。人生を生き抜いていく上での大いなる力となる座右の名言集である。